KB190096

질투라는 감옥

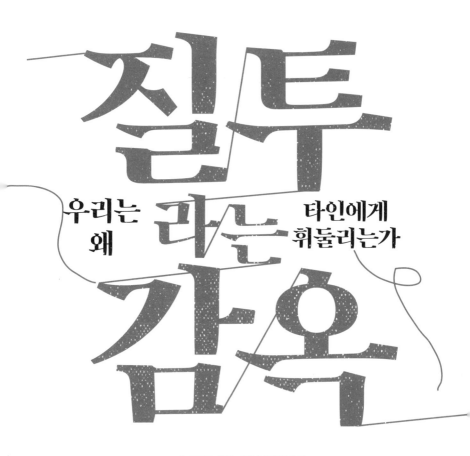

질투라는 감옥

우리는 왜 타인에게 휘둘리는가

야마모토 케이 지음 | 최주연 옮김

북모먼트

프롤로그

질투의 감옥에서 벗어나기

질투가 나쁜 것이고 설령 끔찍한 결과를 초래한다 해
도 완전히 사악한 것은 아니다. 어떤 의미로는 영웅
적 괴로움의 표출이다. 더 나은 보금자리 혹은 죽음
과 파멸로 향하는 어두운 밤길을 무작정 걷는 인간의
괴로움인 것이다.

- 버트런드 러셀Bertrand Russell 《행복의 정복》[1]

4

영화 〈프레스티지〉

크리스토퍼 놀란Christopher Nolan 감독의 영화 〈프레스티지〉(그림 1)는 두 명의 천재 마술사, 보든과 앤지어의 인연을 둘러싼 이야기이다. 줄거리는 이러하다. 앤지어의 아내가 수중 탈출 마술에 실패하여 익사하는데 그 사고의 원인을 제공한 사람이 앤지어의 라이벌, 보든이라는 것이 드러난다. 이에 앤지어는 복수를 다짐하고, 서로를 라이벌로 여기는 두 사람은 상대를 뛰어넘기 위해 마술로 경쟁한다.

이 영화가 흥미로운 이유는 단순한 복수극이 아니라는 데 있다. 앤지어가 보든을 증오하는 건 명백하지만, 증오와는 다른 어떤 감정이 이야기에 독특한 굴절을 만들어낸다. 영화 전반에 걸쳐 극을 지배하는 감정은 바로 '질투'이다. 두 천재는 상대의 퍼포먼스에 매료되어 여러 차례 좌절한다. 그리고 상대를 뛰어넘기 위해 모든 것을 희생하며 더 높은 곳으로 가기 위해서라면 어떤 일도 서슴지 않는다. 그들의 끈질긴 정념, 질투가 두 인물을 천재의 고뇌와 갈등으로 몰고 가며 이야기에 속도를 붙인다.

질투에 얽힌 이야기는 이 밖에도 무궁무진하다. 고전부터 현대극까지, 동화부터 만담까지 이 감정은 인간의 어리석음과 불합리함을 연출하고 이야기에 깊이를 더하며 등장인물을 예상치 못한 방향으로 유혹한다.

우리는 어째서 질투에 눈이 멀어버리는 것일까? 질투라는 정념이 상대뿐만 아니라 질투하는 사람 자신까지 파멸로 몰아넣는데도.

게다가 질투는 지칠 줄 모른다. '7대 죄악'으로 함께 거론되는 '분노'나 '식탐' 같은 악덕도 어느 정도 발산되고 나면 다소 가라앉기 마련이다. 그러나 질투는 다르다. 적당히 질투해서 성에 차는 일은 일어나지 않는다. 성에 차기는커녕 질투심은 점점 더 거세게 불타올라 인간의 이성을 뒤흔든다. 철학자 미키 기요시三木清는 "질투는 늘 바쁘다. 질투만큼 바쁘고 비생산적인 정념의 존재를 나는 알지 못한다."[2]라고 하였다.

질투는 자신을 괴롭히는 데다 꼴사나운 감정이다. 자신의 질투를 타인에게 들키고 싶은 사람은 없다. 그러나 인간이라면 누구나 가슴 한구석이 질투심에 매료되어 휩쓸

그림 1. 크리스토퍼 놀란 감독, 〈프레스티지〉(2006)

릴 때가 있다. 마치 앤지어와 보든처럼.

휴가 질투

영화 〈프레스티지〉만큼 강렬하진 않아도 질투라는 감정은 우리에게 일상적이다. 오히려 질투는 현대 사회에서 점점 더 격렬해지는 듯하다. 그 경향에 박차를 가하는 요인은 단연 인터넷이다. 소셜미디어가 보급되면서 질투의 씨앗은 사방으로 뿌려지고 있다. 엑스(옛 트위터)나 페이스북, 인스타그램으로 사람들은 매일 밤 자신의 공과 사의 성과를 보여주고 그걸 보는 사람은 질투를 느끼면서도 그 감정을 부인하듯이 형태뿐인 '좋아요'로 응답한다(고 나는 생각한다).

한가지 예가 '휴가 질투holiday envy'이다. 당신은 매일 일에 쫓겨 피폐해진 상태고 오늘도 도저히 정시 퇴근은 못할 것 같다. 쉬는 날엔 여행은 고사하고 너무 피곤해서 저녁까지 침대를 벗어나지도 못하는 실정이다.

그럴 때, 별생각 없이 열어본 소셜미디어에서 친구가 업로드 한 여행지 사진을 보면 어떤 기분이 들까? 가족이나 친구와 아름다운 경치 또는 식사를 즐기거나 한낮 햇볕을 쬐며 한 손에 칵테일을 든 친구의 모습이 당신의 휴대전화 화면을 채울 때, 어딘가 불온하고 불쾌한 감정이 싹트지 않았는가. 그것이 '휴가 질투'이다. 당신이 할 수 있는 일이라고는, 친구의 게시물에 살며시 '좋아요'를 누르고 비참한 기분을 끌어안은 채 아침에 눈을 뜨자마자 직장으로 무거운 걸음을 옮기는 것뿐이다.

이런 휴가 질투에 대해 흥미로운 이야기가 있다. 스위스 동부에 있는 베르귄은 매우 아름다운 관광지로 유명한데 인스타 과시용 사진 촬영을 금지하며 거리에 아래와 같은 간판을 설치하였다.

'그림처럼 아름다운 풍경 사진을 소셜미디어에서 공유하는 건 타인을 불행하게 만들지도 모릅니다. 그들은 여기에 올 수 없으니까요.'

그러나 촬영 금지는 일종의 촌극으로, 경고문이 휴가 질투를 억제하거나 타인의 불행을 예방하는 일은 없었다.

(사진 촬영 시 5프랑의 벌금을 부과하는 법안이 베르귄 시의회에서 통과된 것은 사실이다. - 옮긴이) 실제로 소셜미디어에서 '#bergun'을 검색하면 수많은 사진이 쏟아져 나온다. 베르귄의 촬영 금지 경고문이 소셜미디어에서 화제를 모으며 타인의 불행을 잠재우기는커녕 오히려 휴가 질투를 더욱 부채질하는 홍보 전략이 되었다.[3]

질투가 메시지의 의미를 왜곡한다

일상적인 질투심 중 가장 강력하며 빈번하게 나타나는 유형은 타인의 성공에 관한 것이다. 특히 자신과 동등하다고 생각했던 상대의 사회적 상승을 볼 때는 좀처럼 참기 힘든 고통이 동반된다. 미국에서 성공한 고무로 케이小室圭(전 황족 미코 공주와 결혼한 일반인 남성. 미국에서 삼수 끝에 변호사가 되었다.- 옮긴이)에 대한 일본 미디어의 심술궂은 태도를 상기해 보자.

타인의 성공을 불쾌해 하는 이런 감정은 사회에 무시할 수 없는 부정적 영향을 미치기도 한다.

2018년, 노벨 평화상 수상자인 말랄라 유사프자이Malala

Yousafzai에 대해 다음과 같은 보도가 있었다.

역사상 최연소 노벨상 수상자, 말랄라 유사프자이
(20)가 약 5년 만에 모국 파키스탄으로 잠시 귀국했
으나 시민들의 반응은 냉랭했다. 그 배경에는 빈부격
차가 심한 모국을 떠나 영국에서 생활하는 말랄라에
대한 질투, 전통적 가치관과 다른 서구 사회에 대한
반감 등이 있다.

말랄라가 귀국한 3월 29일, 파키스탄 사학연맹은 말
랄라의 자서전《나는 말랄라》에 반대하며 "30일을
'나는 말랄라가 아니다'의 날로 지정한다"고 발표했
다. 동 연맹은 2013년《나는 말랄라》가 출판될 때도
사학에서 열람을 금지했는데 그때나 지금이나 '파키
스탄과 이슬람교를 모함한다', '서구 사회에 대한 선
전이다'라는 이유를 들었다. "왜 그녀만 주목을 받는
가. 정부는 (여성 교육을 지원하는) '말랄라 기금'을 조
성하기보다 우리처럼 가난한 자를 지원해야 한다"라
며 수도 이슬라마바드에서 미용사로 일하는 아리 아

11

쉬하(24)는 불만을 숨기지 않았다.

- 로이터 통신, 2018년 4월 1일

　말랄라의 활동이 본인 의도와는 무관하게 결과적으로 서구 이데올로기와 합치되었는지는 판단할 수 없다. 여기서 주목하고 싶은 부분은, 파키스탄을 떠나 영국에서 공부하고 옥스퍼드대학에 진학하여 노벨 평화상을 받은 그 빛나는 경력이 파키스탄 사람들의 질투를 샀다는 점이다. 그녀가 총격을 받으면서까지 호소하며 전한 여성 교육의 중요성에 관한 메시지의 진의를 질투가 아무도 행복해지지 않는 방향으로 왜곡하고 있다. '그녀는 서구의 사고방식에 너무나도 물들었고 그녀의 수상은 그런 가치관에 충실히 따른 결과에 불과하므로 그녀의 주장에 귀를 기울이지 않아도 된다, 그러므로 여성 교육 따위는 필요 없다'라는 방향으로 말이다.

질투심을 부추기는 사회
　질투가 불러오는 인지 왜곡은 권력자에게 꽤 유용한 도

구이다. 질투는 한 개인만이 아니라 넓게는 정치 사회 전반에도 영향을 미친다. 이를테면 정치학의 '포퓰리즘'이라는 현상을 떠올려 보자. 2010년대에는 세계 곳곳에서 포퓰리즘 정치가 활개를 치고 학계와 미디어도 포퓰리즘에 대해 활발하게 논의를 펼쳤다.

일반적으로 포퓰리즘이라 하면 대중의 인기를 좇아 퍼주는 정치 같은 이미지가 강할지도 모른다. 그러나 정치학에서 포퓰리즘은 정치적 대립을 단순화하고 누가 아군인지 적군인지 확실히 구분 짓게 하는 정치 형태를 가리키는 용어이다. 포퓰리스트는 사람들의 민감한 감정을 건드리며 연명한다. 우파든 좌파든 포퓰리스트가 사용하는 레토릭은 매우 정교하게 사람들의 감정을 뒤흔드는 데 목적이 있다.

당신이 힘들게 사는 것은 대체 누구의 탓인가? 아무리 열심히 해도 잘 풀리지 않는 것은 그자들이 당신의 단물을 빨아먹기 때문이 아닌가?

포퓰리스트는 그렇게 물으며 '범인'을 명확하게 가리킨다. 그러면 본래는 정책의 실패, 부작위에 따라 위정자가 받아야 할 비판이 범인으로 지목된 사회 집단으로 쏠린다. 이때 불만의 창끝이 범인, 곧 사회적 약자에게 향하면서 사회적인 분단과 증오가 심각해진다는 사실은 더이상 말할 필요도 없다.

이용당하는 질투심

마찬가지로, 일본에서 정기적으로 터져 나오는 생활보장 수급자에 대한 과잉 비난에서도 사람들의 질투심이 엿보인다. 일반적으로 생활보장 지원을 비롯해 체계적으로 갖춰진 사회보장제도는 사회 전체의 복지와 이득을 상향시키는 사회적 안전망이다. 누가 언제 어떻게 될지 모르는 사회에서는 더욱 필요하다. 그러나 질투라는 감정은 여기서도 우리의 인지를 왜곡한다. '나는 이런 고생을 하는데 저 사람은……' 하고, 당신의 일상을 유의미하게 변화시킬 힘이 있는 위정자나 경영자 같은 권력자로 향해야 할 원망이 엉뚱하게 자기보다 약한 사람을 향한다. 복지 비용을 절감하고 싶은 권력자가 사람들의 이러한 감정을 이용하는 것은 분명하다.

질투가 마음을 점령해 버리면 이런 인지 왜곡이 일어나 음모론이나 가짜뉴스에 대한 면역이 약해진다. 질투의 대상에 관한 부정적 정보는 설령 불확실하다 해도 쉽게 받아들인다.

스스로를 돌아볼 때 이런 감정을 한 번도 느낀 적 없는 사람은 그리 많지 않을 것이다. 그러나 질투심에 대해 이리저리 고찰하는 일은 그리 유쾌하지 않다. 인간의 지저분한 감정을 바라보는 일 자체가 때로는 마음만 괴롭히는 것이 아니라 그 과정에서 스스로 인정하고 싶지 않은, 평소 애써 눈을 돌려왔던 자신의 어두운 부분을 들여다보게 하기 때문이다. 그래서인지도 모른다. 지금까지 질투는 그리 인기 있는 연구 주제가 아니었다.

질투에 대한 애착

'보수주의의 아버지'라 불리는 에드먼드 버크Edmund Burk는 일찍이 '편견'에 대한 애착을 다음과 같이 고백하였다.

아시다시피, 나는 이 계몽의 시대에 굳이 다음과 같이 고백할 정도로 못 말리는 인간입니다. 우리는 무지한 감정의 주인이어서 오랜 편견을 버리기는커녕 오히려 소중히 여깁니다. 부끄럽게도, 편견이라는 이유로 사랑하며 오래되고 널리 퍼진 편견일수록 소중히 여깁니다. 우리는 개인이 자신만의 사적 이성에 따라 생활하거나 거래할 수밖에 없는 상황을 두려워합니다.[4]

일반적으로 편견이 있다는 사실은 그리 칭찬받을 일이 아니다. 편견의 눈으로 무언가를 보거나 생각하면 한쪽에 치우친 의견이 생겨 그릇된 인식을 한다고 생각하기 때문이다. 그래서 흔히 편견은 버려야 할 것으로 치부된다.

그러나 버크는 편견 안에서 과거부터 이어져 온 사회 통념을 보았다. 즉, '편견이란 역사적으로 배양된 지식의 형식이 아닐까'라는 관점으로, 졸속하게 편견을 버리려는 건방짐을 꾸짖는다.

나는 이와 같은 애착을 질투라는 감정에 느낀다. 질투

심은 확실히 성가시지만, 어떤 의미에서는 가장 인간다운 감정처럼 느껴지고 그 어리석음과 불합리함이 우습고 사랑스러워 보일 때마저 있다.

이 책을 쓰는 동안, 질투에 대한 애착이 나만의 것은 아니리란 생각이 줄곧 머릿속을 맴돌았다. 이런 애착 때문에 우리는 질투를 놓지 못하는 것일까? 어쩌면 우리는 질투를 놓고 싶어 하지 않는지도 모른다.

질투를 통해 생각해 볼 것들

우리 주변에 질투에 얽힌 이야기가 넘쳐난다는 사실이 나의 직감의 반증인 셈이다. 질투는 끊임없이 문학과 영화의 소재로 쓰이며 그 집요한 정념은 종종 이야기를 이끌어 가는 커다란 기폭제로 작용한다. 질투에 관한 수많은 기록은 하나같이 흥미롭다. 신, 동물과 다른 '인간미'라는 것이 있다면 분명 이런 불합리함에 있으리라. 그런 의미에서 이 책이 지향하는 바는 일종의 '인문학'이다.

이 책은 사회심리학에서 다뤄지는 질투에 대해 논한다. 이런 연구에서는 인간이 어떤 대상에게, 어떤 조건에서 질투심을 품기 쉬운지, 어떤 상황에서 질투가 강해지는지(또는 약해지는지) 등을 다양한 실험을 통해 밝혀낸다.

그러나 나의 전문 분야는 정치사상이다. 인문학과 심리학에 대해서 문외한이 어째서 질투를 논하는 것일까. 실제로 정치학은 물론 인문학이나 사회과학의 영역에서도 질투가 주제로 다뤄진 적은 거의 없었다. 50년도 더 전에 《질투Envy》의 저자 헬무트 쉐크Helmut Schoeck가 "금세기의 시작에 작가들이 유난히 사회과학이나 도덕철학에서 질투의 개념을 억압하는 경향을 보이는 것이 매우 흥미롭다"[5]고 밝혔는데 이런 사정은 지금도 별반 다르지 않다. 최근 '감정의 정치학'이 어느 정도 주목을 모으긴 했으나 질투는 겉으로 드러나지 않는 만큼 대부분 간과되었다.

이 책을 읽으려고 집어 든 사람 중에는 실제로 질투하는 대상이 있고 자신의 질투심을 조절하기 힘들어서 방법을 찾고 싶은 사람이나, 자기 안의 질투심을 마주하고 극복하는 힌트를 바라는 사람이 있을지도 모른다. 인생을 바라보는 관점을 바꾸도록 도와주는 저명인사의 책이나 자기계발서에도 질투라는 감정이 종종 등장하는데 거기서는 질투와 어떻게 거리를 둘지, 어떻게 이 감정을 잠재울지에 대한 내용이 주를 이룬다. 이런 종류의 지침서 중에는 마음에 피어난 질투의 싹을 자기 성장의 계기로 삼자는 조언도 드물지 않게 보인다. 그런 '실천적 조언'을 구하는 사람에게 이 책은 그리 참고가 되지 않을지도 모른다.

이 책에서는 다수의 자기계발서처럼 단순히 자신의 질투심을 단속해야 한다는 식의 뻔한 설교를 하고 싶지는 않다. 그 대신, 질투라는 감정이 단순히 개인 차원이 아니라 정치, 사회생활과 밀접하게 관련이 있다는 점을 강조하고자 한다.[*] 이것은 나가타초(일본 국정의 중심지역. 우리나라 여의도에 해당 – 옮긴이)의 음모나 권모술수를 구가하는 노 정치가의 질투를 의미하는 것이 아니다. 정의나 평등, 나아가서는 민주주의와 같은 정치적 개념 그 자체가 질투와 깊이 관련 있다는 뜻이다. 그렇다면 질투에 대한 고찰 없이

● 질투가 사회에 미치는 영향에 관한 연구가 많지는 않으나 분명 존재한다. 최근에는 질투가 정책이나 사람들 정치 행동에 미치는 영향을 분석한 연구가 진행되었다(Gwyneth H. McClendon, Envy in Politics, Princeton University Press, 2018. 참고).

어떻게 정치적 개념이나 문제를 이해할 수 있겠는가. 질투가 얼마나 끈질기고 집요한 정념인지 이해하고 그것이 민주사회의 필연적 부산물임을 보여줄 수 있기를 바란다.

民主社会に渦巻く
情念を解剖する

차례

질투란 무엇인가

제2장

질투의 사상사

제5장 질투와 민주주의

제1장

질투란 무엇인가

나의 벗이 성공할 때마다
내 안의 무언가가 조금씩 죽어간다.

– 고어 비달 Gore Vidal[1]

악명 높은 질투

정도의 차이는 있겠지만 질투는 누구에게나 익숙한 감정이 아닐까? 저마다 짚이는 부분이 있을 것이다. 이웃이 고급 승용차를 타는 것을 볼 때, 동기가 자기보다 먼저 승진했을 때, 조용하게 싹튼 질투심은 가슴속에서 점차 커지며 밤낮없이 우리를 괴롭힌다. 미국 소설가 고어 비달은 '나의 벗이 성공할 때마다 내 안의 무언가가 조금씩 죽어간다'[2]고 농담처럼 말했으나 여기에는 마냥 웃기 힘든 진실이 숨어있다. 가까운 친구 사이부터 정치가, 유명인의 스캔들까지 세상에는 사람들의 질투심이 곳곳에서 소용돌

이친다.

중세 이탈리아 화가인 조토 디 본도네Giotto di Bondone는 〈질투invidia〉라는 작품(그림 2)에 뿔이 나고 입에서 뱀을 내뱉는 여성의 모습을 그렸다. 눈은 앞을 보지 못하고 귀는 기이할 만큼 크게 그려져 있는데 각각 질투의 '사악한 눈evil eye'과 '타인을 향한 과도한 관심'을 상징한다.[3] 한쪽 손은 당장이라도 타인의 소유물을 향해 뻗으려 하고 다른 한 손은 자기가 가진 것을 절대 놓치지 않겠다는 듯 꽉 쥐고 있다. 질투를 얼마나 저속한 악덕으로 여겼는지 드러나는 부분이다. 참고로 질투의 모델이 여성인 점에서 젠더 편견이 엿보인다('질투嫉妬'라는 한자에도 여자를 나타내는 한자가 들어간다!).

굳이 언급할 필요도 없을 만큼, 질투는 평판이 꽤 나쁜 편이다. 6세기에 교황 그레고리우스 1세가 기독교 7대 죄악에 포함한 여느 악덕보다 질투는 악명 높기로 유명하다. 종종 지적되듯이 질투에는 긍정적인 면, 장점이라고는 하나도 없다. 7대 죄악으로 함께 꼽히는 태만과 분노조차 사회에 긍정적으로 미치는 부분이 전혀 없지는 않다. 이를테

그림 2. 조토 디 본도네 〈질투〉, 1305년경

면, 태만은 지친 몸과 마음의 피로를 치유하고 분노는 용기 있는 행동(억압과 부정에 반대하는 등)으로 우리를 이끌기도 한다.[4]

그러나 질투에는 그런 긍정적 요소가 전혀 보이질 않는다. 이런 점이 질투를 여느 감정과는 다른 특별한 것으로 만든다. 영국의 사상가 존 스튜어트 밀John Stuart Mill이 질투를 '모든 감정 중에서 가장 반사회적이고 가장 꺼림칙한 감정'[5]이라 표현한 것도 무리는 아니다.

질투의 보편성

질투는 이토록 꺼림칙한 존재였지만 아이러니하게도 어느 시대에서나 꽤 보편적으로 등장한다. 동서고금을 막론하고 질투를 주제로 많은 이야기가 쓰였으며 기독교 성서에도 질투는 여러 번 등장한다.

특히 가인과 아벨의 이야기는 널리 알려져 있다. 가인과 아벨은 각각 작물과 살찐 양을 신에게 바쳤으나 신이 가인의 공물에는 눈길을 주지 않아 가인은 질투에 눈이 멀어 아벨을 살해한다. 정치사상가 한나 아렌트Hannah Arendt 가 이를 인용하며 '폭력의 시작'이라고 평했는데 여기서는

'질투의 시작'이라는 표현을 떠올리지 않을 수 없다.

셰익스피어의 《오셀로》는 오셀로의 성공을 질투한 이아고가 오셀로를 계략에 빠뜨리려는 이야기이고, 나쓰메 소세키의 《마음》도 선생 K에 대한 질투(또는 부러움)가 하나의 주제이다. 동화에도 질투는 빈번하게 등장한다.《백설 공주》는 물론이고, 일본 민화 《꽃피우는 할아버지》(욕심꾸러기 노부부가 이웃집 착한 노부부를 질투하는 내용의 일본 전래동화 - 옮긴이)도 질투에 관한 이야기이다.

개인의 삶을 살펴봐도 질투의 감정은 유아기부터 확인되는데, 형제자매 간 질투가 전형적이다. 아이는 부모나 양육자의 애정이 형제자매에게 향하는 것을 견디지 못해 문제를 일으키기도 한다.(심리학에서는 형제자매간 적대 감정을 '가인 콤플렉스'라 한다). 이런 유아의 질투에 대해 신학자 아우구스티누스Augustinus는 《고백록》에서 이렇게 전한다.

연약한 아이의 손발은 무구하나 아이의 영혼은 결코 순수하지 않다. 나는 질투하는 아이를 본 적 있다. 아직 말도 못 하는 아이가 새파란 낯빛으로 젖먹이 형

제를 싸늘하게 노려보고 있었다. 이는 누구나 아는 사실이다.[6]

어른만이 아니라 아이 또한 질투에 눈이 먼다. 자기에게 쏠려있던 부모의 사랑을 빼앗겼다고 느끼고 형제자매에게 질투의 불꽃을 태운다(뒤에서 자세히 다루겠지만, 이런 유아기 감정은 이 책의 주제인 질투 'envy'보다 무해한 성질인 질투 'jealousy'에 가깝다).

질투를 하든 질투를 받든, 어쨌거나 이 감정을 회피하며 살아가기는 쉽지 않다. 그렇다고 해서 질투가 범람하는 사회에서 살아가고 싶지도 않다. 그렇다면 이 감정을 진지하게 검토하고 현명하게 다루는 방식을 도출해 보는 것은 나름대로 의의가 있지 않겠는가.

양성 질투와 악성 질투

질투론의 세계에서는 종종 질투를 두 유형으로 구별한다. 양성 질투benign envy와 악성 질투malicious envy이다. 여기서 양성 질투는 상대를 향한 적대적인 감정을 동반하지 않고, 굳이 따지자면 우수한 상대를 향한 칭송이나 동경에 가깝다. 소년 만화에서 자기보다 뛰어난 선수를 목표로 삼고 그 사람에게 조금이라도 더 다가가기 위해 열심히 노력하는 주인공의 심정과 비슷하다. 일반적으로 양성 질투는 그리 부정적으로 인식되지 않고 오히려 산뜻한 느낌까지 있어서 사회적으로 쉽게 용인된다(스탠퍼드 철학 백과사전 '질투envy' 항목 참조).

　반면, 악성 질투는 성질이 고약하다. 양성 질투와는 달리, 정신적 고통을 동반하며 상대에 적의를 가진다는 본질적 특성이 있다.[7] 악성 질투에 지배되면 질투자는 상대의 파멸을 바라며 질투하는 자신 또한 그 감정 때문에 괴로워하고 파멸에 이르기도 한다. 일반적으로 '질투'라 하면, 악성 질투를 의미하는 경우가 많다.

　솔직히 이 책은 이런 구분에 다소 회의적이다. 물론, 이런 방식의 고찰이 유용한 상황도 있을 것이고, 질투라는 감정이 반드시 타인의 불행을 바라는 것이 아니라 질투하는 사람을 고무하여 더 나은 방향으로 이끌기도 한다. 그러나 이 책에서는 양성 질투를 질투의 카테고리로 다루지 않으려 한다. 이유인즉슨, 어느 논자가 지적하듯 이 책에서 논하고자 하는 질투의 개념을 모호하게 만들기 때문이다.[8]

　여기서는 질투와 동경longing을 구분할 필요가 있다. 양쪽 다 타인이 가진 것이 욕망의 원인이라는 점에서는 차이가 없다. 그러나 동경은 자신이 가지지 않은 재능이나 용모 등을 가진 누군가에게 여러 감정을 느끼며 자기도 그것을 가지기 위해 노력하는 것이다. 한편, 질투는 타인이 가지고 있는 것을 자신이 갖지 못한 상황에 괴로워하고 타인이 그것을 잃어버리기를 갈망한다는 데에 특징이 있다.

자기가 더 높은 곳으로 올라가려는 것이 아니라 타인의 발목을 잡아당겨 끌어내리며 만족하는 것, 질투가 사악한 것이라 여겨지는 이유이다. 그러므로 질투의 카테고리로서 양성 질투의 개념을 유지할 필요는 없다. 그런 감정은 '동경'이라 부르면 충분하다.[9]

이 책에서는 일부를 제외하고 악성 질투를 중심으로 다룬다. 타인의 실패를 고대하는, 추악하고 끈덕지며 섬뜩한 정념으로서의 질투에 대해 알아보려 한다.

질투는 왜 인정받지 못했나

누군가를 질투한다는 것은 찜찜하고 양심의 가책이 느껴지는 일이므로 자신의 질투심을 스스로도 좀처럼 인정하려 하지 않는다. 그렇기에 내면의 질투심은 보통 은닉된다. 누구나 질투에 휩싸인 자신을 인정하고 싶어 하지 않으며, 무엇보다 자신의 질투심을 타인에게 알리고 싶어 하지 않는다.

질투의 성질에 대해 미국 소설가 허먼 멜빌Herman Melvill은 《빌리 버드》에서 매우 흥미로운 지적을 한다. 미국 해군의 신병 빌리는 선원 모두에게 호감을 얻는다. 그런데 선임 병장 클래가트가 그런 빌리를 질투하여 함정에 빠뜨리려고 한다. 거기서 멜빌은 질투심에 대해 다음과 같이 서술한다.

> 질투는 괴물인가. 죄인이 형벌을 경감받기 위해 자신의 끔찍한 범죄행위를 인정하는 일은 많아도, 질투를 고백한 자가 과연 이 세상에 있던가. 질투에 숨겨진 무언가가 중범죄보다 부끄러워해야 할 것이라고 여기는 듯하다.[10]

우리는 웬만해서는 질투의 존재를 인정하려 하지 않는다. 누군가의 성공에 질투할 때도 '그자는 별것 아니다'라며 가치를 부정함으로써 스스로를 위로한다. 그래서 이 감정은 분노나 슬픔보다 직설적으로 표현되는 일이 드물다. 질투는 거의 모든 상황에서 자신을 위장한다.

그래서인지 현실 정치 분석에서 질투는 그리 다뤄지지 않았다. 이 감정의 특징이 무엇인지, 그것이 사람들의 판단과 평가에 어느 정도 영향을 주는지, 보다 넓은 범위에서 질투가 가진 정치적 의미에 대해 과연 우리는 제대로 이해하고 있을까? 이 책은 질투의 비밀을 어둠 밖으로 끌어내 살펴보는 것을 목표로 한다. 설령 그 작업이 때로는 고통스러울지라도 말이다.

질투란 무엇인가

질투를 의미하는 영어 'envy'는 라틴어 'invidia'에서 유래한다. 'envy'는 질투 외에도 부러움, 시기, 선망 등으로 쓰는 일이 많은데 이 책에서는 인용을 제외하고는 '질투'로 통일하고자 한다.

그렇다면 질투는 어떻게 정의해야 할까? 우선 사전적 의미를 살펴보자. 고지엔 일본어 사전에 따르면 질투는 '자기보다 나은 자를 시기하는 일'이다. (표준국어대사전은 질투를 '① 사랑하는 상대가 다른 사람을 좋아할 경우 지나치게 시기하는 마음 ② 다른 사람이 잘되거나 좋은 처지에 있는 것 따위를 공연히 미워하고 깎아내리려는 마음'으로 정의한다. 이 책에서 다루는 질투는 기본적으로 ②번 의미의 질투이다. – 옮긴이)

나름대로 간결한 정의이긴 하나, 곰곰이 생각해 보면 대체 어떤 점에서 자기보다 나은 사람인지(재력, 용모, 사회적 위치 등), 또 어느 정도 나은 사람이어야 질투의 대상이 되는지가 매우 막연하다.

이번에는 조금 더 사상적인 관점에서 질투의 정의를 살펴보자. 독일 철학자 임마누엘 칸트Immanuel Kant는 질투를 '타인의 행복이 자신의 행복을 조금도 해치지 않는데 타인의 행복을 보는 것에 고통을 느끼는 마음'이라고 정의했다.[11]

바꿔 말해서, 질투자는 자신의 손익과 무관한 타인의 행복을 허락하지 못한다는 뜻이다. 질투하는 사람은 자신의 이익을 최대화하는 데 목적을 두지 않는다. 오히려 그 반대이다. 설령 자신이 손해를 보더라도 이웃이 불행하기를 바란다. 질투는 공리주의적 쾌락 계산법을 따르지 않으며 어떤 의미로는 시원스럽게 느껴질 만큼 자포자기의 성질을 띤다.

사회과학에서 이 감정을 다루기 까다롭다고 여기는 이유는 합리적 계산에 맞지 않는 질투의 성질 때문이다. 사회과학에서 액터(행위자)는 기본적으로 자신의 이익을 최대화하려는 합리적인 주체로서 모델화되어 있기 때문이다. 이런 관점에서 보자면 질투자의 행위는 비합리적이기 그지없다. 질투는 그저 일시적 변덕이나 이상값으로, 이론과 모델에 좀처럼 들어맞지 않는다.*

---

* 다만, 경제학 중에서도 행동경제학 같은 분야에서 행위자의 비합리적 측면을 고려해 모델화를 시도하는 점은 예외라 할 수 있다.

아리스토텔레스의 질투론

질투를 어느 정도 정리된 주제로 처음 다룬 사람은 아리스
토텔레스Aristoteles다.

어떤 사람이 질투를 품을까? 이에 아리스토텔레스는
'자기와 대등하거나 대등하다고 생각되는 자가 있는 사
람', '좋은 것을 거의 다 소유한 사람', '명성 높은 사람', '명
성을 얻고 싶은 야심가', '잘난 척하는 지식인' 등을 꼽았
다. 이에 대한 별도의 설명이 필요 없을 정도로 2천 년 전
고대 현인의 의견이 여전히 공감을 자아낸다는 것이 경이
로울 뿐이다. 다만, 아리스토텔레스의 논고를 보면 질투

의 표출 방식에는 확실히 시공을 초월하는 보편성이 있으나 특별한 야심을 가진 일부 사람만이 질투를 품는다는 견해에는 수긍하기 어렵다. '자신과 대등하거나 대등하다고 생각되는 자가 있는 사람'은 사실상 모든 사람을 포함하기 때문이다. 이에 대해 아리스토텔레스는 《수사학》제2권 제10장에서 구체적인 예를 들어 설명한다.(우리말 번역서에서는 '제10장 시기envy', '제11장 질투emulation'로 옮기기도 하나, 제10장 시기가 이 책의 주제인 '(악성)질투'에 해당한다.)

> 우리는 자신과 대등한 자가 무언가를 가졌을 때 시기한다. 여기서 대등함은 신분이나 혈통, 나이, 성품, 평판, 재산 등의 면에서 자신과 비슷한 수준을 말한다. [12]

어떤 사람이 질투의 대상이 될까? '때, 장소, 나이, 평판 등에서 자신과 가까운 자'이다. 아리스토텔레스는 명예를 경쟁하는 상대나 자신이 가져야 할 것을 가지고 있는 자를 예로 든다. 우리는 무턱대고 아무에게나 질투를 느끼는 것이 아니다. 자신과 관계없는 사람이 아니라, 어떤 관점에서든 자신과 가까운 인물을 질투한다.

그러고 보면, 몇백 년 전에 살았던 인물은 좀처럼 질투의 대상이 되지 않는다(그러나 미래세대를 향한 질투는 충분히 있을 수 있다). 일반적으로 나보다 조금 더 잘사는 이웃을 질투하긴 해도, 도널드 트럼프나 빌 게이츠 같은 대부호를 질투하지는 않는다.

그런데 여기서 말하는 '가깝다'는 기준은 대체 어느 정도일까? 이에 대한 힌트를 제공하는 연구 결과가 있다. 한연구에서 사람들에게 어느 정도 급료가 오르길 바라는지 물어봤더니 대부분 15퍼센트 인상을 희망했다고 한다. 물론 개인차도 있겠지만, 얼추 이 정도를 질투의 범위로 추정할 수 있을 것이다.[13]

질투는 언제 발생하는가

아리스토텔레스의 통찰을 통해 질투의 비밀에 조금 가까워졌으니 이번에는 질투가 언제 발생하는지 살펴보기로 하자. 여기에는 비교적 확실한 답이 있다. 그렇다, 질투심이 고개를 내미는 건 자신과 타인을 비교할 때이다. 질투는 비교가 가능한 사람들 사이에서 생겨난다. 바꿔 말하면 비교가 불가능한 상대에게는 질투를 느끼지 않는다고도 볼 수 있다. 고대 그리스 시인 헤시오도스Hesiodos는《일과 날Opera et Dies》이라는 작품에 다음과 같이 서술하였다.

> 대공은 대공에게, 요리사는 요리사에게 질투하고 가수는 가수를, 거지는 거지를 괴롭히는 법이다.[14]

질투는 비교가 가능할 때 발생한다는 점에 다시 한번 주목할 필요가 있다(2장에서 자세히 다루겠지만, 아리스토텔레스 외에도 많은 철학자와 사상가가 질투의 특징으로 지적하는 부분이다).

한편, 아리스토텔레스는 질투를 의분義憤과 확실히 구별하며 의분을 '타인의 부당한 행운에 괴로워하는 것'으로 설명한다.[15] 예를 들면 방종하게 사는 사람이 막대한 유산을 상속받거나 심술 고약한 인물이 선량한 사람을 제치고 성공할 때 우리가 느끼는 '왜 저 사람이!'라는 고통스러운 감정이 의분이다. 그러므로 의분에는 도덕적으로 정당화되는 부분이 있다.

　타인의 성공에 고통을 느낀다는 점은 질투와 의분이 비슷하지만 두 감정은 엄연히 다르다. 아리스토텔레스에 따르면, 질투는 '심적 혼란을 동반하는 고통이며 타인의 행운 때문이긴 하지만, 그 행운은 그것을 받을 만한 가치가 없는 자의 행운이 아니라 자신과 대등한 자의 행운'이기 때문이다.[16] 요컨대, 어떤 인물이 걸맞지 않은 성공이나 행운을 얻으면 누구나 의분의 대상이 될 수 있다. 그러나 질투는 다르다. 질투의 대상은 자신과 비교 가능한 자로 한정된다. 게다가 그 인물에게 걸맞은 행운이라 할지라도 질투자는 그것을 참을 수가 없다.

상향 비교와 하향 비교

비교는 인간의 본성이라 할 만큼, 우리는 하고 싶지 않아도 저절로 자신을 타인과 비교하고 만다. 그러나 타인과 비교함으로써 자신의 아이덴티티를 형성하고 사회적 위치를 확인한다는 면에서 비교는 좋고 나쁨이 없는 중립적 개념이다.

사회심리학에는 '사회 비교 이론'이라는 의론이 있다. 사회 비교 이론이란, 비교를 매개로 자신의 모습을 인식하는 양태이다.[17] 다시 말해, 타인과의 비교를 통해 자존심이나 열등감을 가진다는 것이다.

일반적으로 사회 비교는 신체 능력, 지성, 재산, 사생활의 충실도 등에서 자기보다 우월한 타자와 비교하는 '상향 비교', 자기보다 열등하다고 생각하는 타자와 비교하는 '하향 비교'로 나뉜다. 인간은 끊임없이 위아래를 보며 자신의 위치를 가늠하는 슬픈 생명체이다.

상향 질투와 하향 질투

인간의 자연스러운 본성인 비교도 질투심이 얽히면 곧장 괴로운 것으로 변모한다. 상대의 행운이 아무리 사사로워도 자신과의 차이가 실제보다 훨씬 크게 느껴지기 마련이다.

이런 비교를 통해 발생하는 질투를 여기서는 임의로 '상향 질투'와 '하향 질투'로 칭하겠다. 상향 질투는 어떤 의미로는 단순하며 이해하기 쉽다. 자기보다 우위에 있는 자를 보기만 해도 우리 마음은 심히 동요한다.

하향 질투는 한층 흥미롭다. 보통 자기보다 우월한 사람에게 질투를 느끼는 일이 많으나 질투의 대상은 자기보다 우위에 있는 사람으로 한정되지 않는다. 질투가 성가시면서도 재미있는 감정인 이유가 바로 여기 있다. 우리는 자신보다 열위에 있는 사람에게도 질투한다.

예를 들어, 유복한 노인이 젊은이를 질투하는 것에 대해 아리스토텔레스는 '자기가 가져야 한다고 생각한 것이나 과거에 자신이 소유했던 것을 현재 소유하거나 얻은 자'를 향한 질투라고 설명한다.[18]

또 자신이 고생해서 획득한 것을 타인이 쉽게 얻을 때도 질투한다. 자신이 힘겹게 노력한 끝에 달성했다고 생각하는 무언가를 타인이 손쉽게 달성했을 때, 자신은 비싸게 샀는데 누군가 운 좋게 싼값에 얻으면 그 상대의 재능과 행운에 질투심을 느낀다. 아리스토텔레스는 이런 심리를 다음과 같이 정리하였다.

> 나이 든 사람은 젊은이를, 자신이 큰 대가를 치르고 얻은 것을 적은 대가로 얻은 자를 질투한다. 자신이 힘겹게 간신히 획득하거나 결국 얻지 못한 것을 손쉽게 얻은 자를 질투한다.[19]

기초생활보장 수급자에 대한 오명stigma도 이런 심리로 이해할 수 있다. 자기는 밤낮없이 고되게 일하는데 노동도 하지 않고 경제적 지원을 받는 것이 괘씸하다는 식의 주장이다. 이 주장이 언뜻 도의적 분노로 보일지 모르나, 거기에는 추잡한 하향 질투가 숨어있다.

상대적 박탈감과 질투

자신이 느끼는 만족의 절대량과는 관계없이 타인과의 비교에서 비롯되는 불만이나 결핍감을 사회학과 사회심리학 분야에서는 상대적 박탈감이라고 한다. 이 개념은 사무엘 스토퍼Samuel A. Stouffer의 《미국 군인The American Soldier》이라는 연구에서 처음 명시적으로 논의되었으며 불공평함을 느끼는 사람들의 심리를 묘사하는데 중요한 개념으로 자리 잡았다. 이 불공평하다는 느낌은 질투와 명백하게 관련이 있어 짚어볼 가치가 있다.

성경을 보면 마태복음의 포도원 일꾼 이야기에서도 상

대적 박탈감에 대한 시사가 엿보인다. 내용은 이러하다. 포도원 주인은 일꾼을 고용하기 위해 아침 일찍 집을 나선다. 9시 무렵 아무것도 하지 않고 멀뚱히 서 있는 사람들에게 말을 걸어 일당 1데나리온을 주기로 하고 그들을 고용한다. 그리고 12시, 15시에도 일꾼을 더 고용한다. 17시에도 여전히 아무 일도 하지 않는 사람들이 있어서 '왜 종일 여기에 서 있는가' 하고 묻는다. '아무도 고용해 주지 않아서요'라는 답이 돌아오자 포도원 주인은 그들도 일꾼으로 고용한다.

그리고 저녁에 모든 일을 마치고 품삯을 지급할 때가 되어 주인은 우선 17시에 온 일꾼에게 1데나리온을 지급한다. 아침부터 일한 사람들이 이것을 보고 자신들은 더 많이 받을 수 있으리라 기대했으나 주인은 그들에게도 1데나리온을 지급한다. 아침부터 일한 사람들은 당연하게도 불만을 터뜨린다. "마지막으로 온 사람들은 한 시간밖에 일하지 않았는데, 온종일 땡볕에서 고생하며 일한 우리와 같은 대접을 받다니요." 이에 주인은 이렇게 답한다. "이보게. 난 당신에게 부당한 일은 하지 않았다네. 당신에게 1데나리온을 주기로 약속하지 않았는가. 당신 몫을 받고 돌아가게나. 나는 제일 늦게 온 사람에게도 당신과 똑같이 지급할 것이네. 내 것을 내 뜻대로 하는데 무엇이 문제인가. 혹시 내 관대함을 질투하는가."[20]

아침부터 일한 노동자는 약속한 급여를 받았으니 자기보다 나중에 온 노동자의 급여를 모르고 넘어갔더라면 불만을 느끼지 않았을 것이다. 문제는 그것을 봐 버렸다는 것이다.

원숭이를 활용한 실험

한 연구에 따르면, 사람은 대체로 아래 조건을 만족할 때 상대적 박탈감을 느낀다.

(i) A는 어떤 물건 X를 소유하고 있지 않다.

(ii) A는 X를 소유한 B를 본다.

(iii) A는 X를 소유하고 싶다고 생각한다.

(iv) A는 X를 가질 가능성이 자신에게도 있었다고 생각한다.

이상의 조건이 갖춰졌을 때 A는 상대적 박탈감을 느낀다고 볼 수 있다.[21]

절대량이 부족하지는 않아도 타인과 비교하여 자신이 적절한 보수를 받지 않았다는 생각이 들면 불공평하다고 느낀다.[22] 인간만 이런 감각을 느끼는 것은 아닌 모양이다. 동물행동학자 프란스 드 발Frans de Waal은 원숭이를 대상으로 아래와 같은 실험을 진행했다.

원숭이 두 마리에게 작은 돌을 준 후 사라(실험자)는 오이 한 조각을 내밀고 작은 돌을 돌려받았다. 오이 조각과 돌을 교환하는 형식이었는데 두 원숭이 모두 모두 기뻐하며 잇달아 25회나 물물교환을 계속했다. 그러나 두 원숭이를 불공평하게 대우하자마자 분위기가 험악해졌다. 한 원숭이에게는 변함없이 오이를 주고 다른 원숭이에게는 원숭이가 매우 좋아하는 포도를 주었다. 포도를 받은 원숭이는 불만이 없었지만 오이를 받은 원숭이는 순식간에 물물교환에 흥미를 잃었다. 그뿐만 아니라 다른 원숭이가 포도를 받는 것을 보자 화를 내며 돌멩이와 오이 조각까지 우리 밖으로 던져버렸다. 평소에는 기쁘게 먹었던 음식까지 원망스러워진 것이다.[23]

프란스 드 발은 원숭이의 이런 행동이 불공평하다는 느낌에 근거한다고 본다. 사회학자 이시다 준石田淳은 원숭이가 놓인 상황이 상대적 박탈감의 네 가지 조건을 만족한다는 점에서 원숭이의 불만이 상대적 박탈감의 표현이라고 설명한다.[24]

이런 상대적 박탈감은 사회와 정치에도 커다란 영향을 끼친다. 한 예로, 영국과 미국 백인 노동자계급의 상대적 박탈감의 고조가 이민자나 그 외 소수자를 배척하고자 하는 급진 우파 지지로 이어진다는 연구도 있다.[25]

'Envy'와 'Jealousy'

질투는 다른 것으로 위장하여 본 모습을 숨긴다는 점을 기억하는가. 타인에게 알리고 싶지 않고 스스로 인정하고 싶지 않다는 특성상, 질투는 좀처럼 외부에 드러나지 않는다. 그러므로 질투를 가능한 한 정확하게 파악하기 위해서는 그 외의 가까운 감정과 구별하여 이해할 필요가 있다.

　이 책에서 다루는 질투는 기본적으로 'envy'이지만 실제로 'envy'는 'jealousy'와 겹치는 부분이 상당히 많다. 통상 'jealousy'는 한결 무해한 감정으로서 연인과의 관계에게 느끼는 질투가 전형적이며 사회적으로도 쉽게 허용

된다. 그러나 이 두 가지 용어는 확실히 구분되지 않고 꽤 많은 부분이 뒤섞여 쓰인다. 한 가지 예를 살펴보자. 질투를 괴물에 비유한 멜빌과 마찬가지로 윌리엄 셰익스피어 William Shakespeare도 동일한 비유를 사용했다. 다음은 이아고의 대사이다.

장군님, 질투라는 놈을 조심하십시오.
제 먹이를 가지고 노는 녹색 눈의 괴물입니다.[26]

《오셀로》의 유명한 장면이다. 셰익스피어가 'envy'가 아니라 'jealousy'에 대해 이야기하고 있다는 데 주목할 필요가 있다. 여기서 질투라는 괴물은 'jealousy'이다. 정신분석가 멜라니 클라인Melanie Klein의 지적처럼, 셰익스피어는 'envy'와 'jealousy'를 확실히 구분하지 않고 거의 호환 가능한 용어로 사용한 듯하다.[27]
또 여러 심리학 실험에서 나타나듯 두 가지가 동시에 나타나는 일이 많다는 점도 양자를 구별하기 힘들게 한다. 예를 들어, 아내가 유능한 남성 동료를 칭찬할 때 남편의 감정을 뭐라고 불러야 좋을까? 아마도 동성에 대한 긍정적 코멘트는 남편의 '무해한 질투jealousy'를 유발할 것이고, 그 동료의 유능함에 대해서는 부러움과 시기, 즉 '질투envy'를 느낄 것이다. 이때 남편의 감정은 양자가 혼합되어 어느 쪽이라고 콕 집어 말하기는 어렵지 않을까?[28] 본인도 자기 감정이 어떤 것인지 확실히 알지 못할 수 있다. 이런 연유로 실제 이 두 감정은 큰 구분 없이 사용된다.*

결여와 상실

'envy'와 'jealousy'가 실제로 큰 구분 없이 사용된다고 할지라도 분석적으로는 구별할 필요가 있다. 아무리 닮아있어도 두 감정은 결정적으로 차이가 있기 때문이다. jealousy는 '상실'과 관련이 있지만 우리가 다루는 envy는 '결여'와 관련이 있다.[29] 즉, 전자는 경쟁자가 자신의 것을 빼앗으려 한다고 생각하고 후자는 자신이 바라는 것을 경쟁자가 가지고 있다고 생각한다.

* 두 감정의 구분과 관련하여 벤지이브의 연구를 주요 문헌으로 들고자 한다. (Ben-Ze'ev, "Envy and Jealousy", Canadian Journal of Philosophy, Vol. 20, No. 4, 1990)

예를 들면, 자신의 연인이 다른 사람과 친밀한 모습을 보고 느끼는 감정(jealousy)은 자신의 파트너를 '상실'할지도 모르는 상태에 기인한다. 한편, 동료의 승진에 대한 질투(envy)는 자신에게는 '결여'된 것(여기서는 승진)을 상대가 가지고 있는 상태에서 비롯된다. 바꿔 말해서, 전자가 방어적이라면, 질투는 공격적이다.[30]

사회학자 게오르크 지멜Georg Simmel도 비슷한 점을 지적했다. 이 두 가지 감정은 의심할 여지 없이 인간적인 상태를 형성하는 데 지대한 의의가 있다고 밝히며 envy에 획득을, jealousy에 유지를 대응시킨다. '문제의 핵심이 획득일 때 우리는 envy를 논하고, 유지가 문제가 될 때는 jealousy를 논한다'고 양자를 구별한다(일본어 번역서에는 'envy'를 '선망'으로, 'jealousy'를 질투로 옮겼으나 이 책의 용어 사용법에 따라 번역 내용의 일부를 변경하였다. – 옮긴이).[31]

채워지지 않는 욕구를 채우기 위해

그렇다면 '르상티망'은 어떨까? 르상티망이라 하면 가장 먼저 프리드리히 니체Friedrich Nietzsche의 이름을 떠올리

는 사람이 많을 것이다. 니체는《도덕의 계보》에서 르상티
망이 있는 사람은 '행동으로 반응할 수 없어서 사상의 복
수만으로 그 틈을 메우려 하는 사람'이며 그 원념은 타자
에게 향해진다고 지적한다.[32] 르상티망은 '사악한 적'을 만
들어내고 자신을 '착한 사람'에 투영한다. 타인을 부정함
으로써만 자신을 긍정할 수 있다. 니체는 이를 노예 도덕
이라고 칭하며 다음과 같이 표현한다.

> 노예 도덕은 원래부터 '외부의 것', '다른 것', '내 것
> 이 아닌 것'을 부정한다. 이 부정의 언어가 바로 그들
> 의 창조적 행위이다.[33]

니체에 따르면, 노예는 수동적 존재이다. 고귀한 것을
창조하는 귀족적 심성과는 정반대지만 약자는 이런 노예
적 르상티망에 매달려 살아가는 수밖에 없다.

또한 독일 철학자 막스 셸러Max Scheler의 통찰도 눈여겨
볼 만하다. 셸러는 니체에게 동의하는 동시에 르상티망을
하나의 '가치 전도'로 보았다. 이솝의 〈신 포도〉 우화를 살

펴보자. 여우는 자신이 얻지 못한 포도가 분명 실 것이라고 단정 지으며 스스로를 위로한다. 르상티망도 마찬가지다. 르상티망은 도저히 손에 넣을 수 없는 것이 있을 때 그 가치를 부정함으로써, 채워지지 않는 욕구를 달래는 심리 작용이라 할 수 있다.

셸러는 르상티망이 발생하는 원인을 다음과 같이 특정한다.

> 르상티망은 인간 본성의 구성 요소인 감정 또는 정서가 조직적 억압을 받아 유발되며, 결과적으로 특정 가치착오가 일어나고 그에 따른 가치판단의 경향이 지속되는 심리 태도이다.[34]

해당 부분은 이해하기가 쉽지 않으므로 추가 설명이 필요하겠다. 셸러에 따르면, 르상티망은 어떤 특정 감정을 억압받을 때 발생한다. 그런 감정으로 셸러는 복수심, 증오, 적의, 질투, 의심 등을 들었다. 이처럼 강렬하고 부정적인 감정이 해소되지 않고 억압되면 점점 무력감이 커지며 르상티망의 원인이 된다.

셸러는 진정 평등한 사회나 인도 카스트 같은 사회에서는 복수심이 자라기 어려우므로 르상티망은 그리 커지지 않는다고 보았다. 오히려 우리 사회에서 르상티망이 발생하기 쉽다. 우리 사회란, 정치 그리고 여러 면에서 형식적으로 평등한 권리가 인정되지만 실제로는 지극히 불평등한 사회를 말한다. 이런 사회에서 학대받는 사람들의 복수심과 굴욕감은 계속 커지는 한편, 그런 감정의 표출은 용서되지 않는다.

르상티망의 특징은 이 책에서 다루는 질투와 유사한 부분이 많다. 그러나 두 개념은 같지 않다. 질투는 르상티망을 유인하는 하나의 연료이며, 고귀한 가치를 부정하는 르상티망 그 자체와는 확실히 구별된다.

샤덴프로이데 - 남의 불행은 나의 기쁨

심리학 분야에서 '샤덴프로이데'라 부르는 개념이 있다. 독일어로 피해를 의미하는 샤덴schaden과 기쁨을 의미하는 프로이데freude가 조합된 말이다. 쌤통이다, 꼴좋다, 고소하다는 표현을 떠올리면 이해하기 쉬울 것이다. '남의 불행은 나의 기쁨', '이웃의 가난은 꿀맛'이라고 표현하는 나라도 있다.

니체에 따르면, 이런 감정은 '자신의 상황이 마뜩잖다고 자각하거나 걱정, 질투, 고뇌를 가진 데서 비롯'되며 평등의 관념과 연결되어 있기에 사회가 만들어진 이후로 계속 되었다.

> 평등을 지향하는 인간의 성향이 그 척도를 행운과 우
> 연의 영역에 적용하려 한다. 타인의 불행에 기뻐하는
> 마음은 평등의 승리와 복수를 표현하는 가장 비열한
> 방식이다. 이는 한층 고차원적 질서의 세계에서도 일
> 어난다. 인간이 자신과 대등한 타인을 인정하는 방법
> 을 배운 이래, 즉 사회가 성립된 이래로 타인의 불행
> 을 기뻐하는 마음은 존재해 왔다.[35]

타인의 불행에서 희열을 느끼는 샤덴프로이데는 부끄
러워해야 할 감정이다. 쉽게 상상할 수 있듯이 이는 질투심
과도 복잡하게 얽혀있다. 불행의 구렁텅이에 빠진 질투의
대상을 발견할 때, 질투는 샤덴프로이데로 다시 태어난다.

질투와 샤덴프로이데의 연관성을 보여주는 구체적인
예를 살펴보자. 리처드 H. 스미스Richard H. Smith는 질투와
샤덴프로이데의 관계를 검증하는 실험을 진행하였다.

이 실험에서는 참가자에게 대학생을 인터뷰한 두 개의

영상을 보여준다. 하나는 '우수한 학생 편'이고 또 하나는 '평범한 학생 편'이다. 전자에는 하버드대학교 재학생이 고급 아파트에서 생활하며 매력적인 연인과 식사하는 장면이 포함되어 있고, 후자에는 학생 기숙사에서 지내며 만원 전철에 시달리고 과제에 버거워하는 학생의 모습이 담겨있다. 물론 '우수한 학생'에 대한 질투가 더 강하게 발생하도록 디자인된 영상이다. 그런데 이어지는 영상에서 불행한 후일담이 흘러나온다. 이 학생이 연구실에서 약품을 훔쳐 체포되어 의학 대학원 진학이 연기된 것이다.

영상을 본 실험 참가자에게 설문조사를 시행한 결과, 평범한 학생보다 우수한 학생에 대해 한층 강한 샤덴프로이데가 관찰되었다. 그야말로 '쌤통'이라는 심리이다. 이 실험으로 스미스는 질투가 클수록 샤덴프로이데도 커지는 것을 확인하였다.[36]

질투의 대상

상대적 박탈감, 연인을 향한 질투, 르상티망, 샤덴프로이데와 같은 감정은 이 책에서 다루는 질투와 부분적으로 겹치지만 어느 것도 완전히 일치하지는 않는다는 점을 이해했을 것이다.

이어서 사람들이 질투라는 특이한 감정을 어떤 식으로 대해왔는지 살펴보고자 한다. 질투의 대상이 된다는 건 우리에게 어떤 의미가 있을까? 질투의 대상이 되거나 누군가의 질투를 받는 일은 긍정적인 영향을 가져오기도 한다. 타인의 질투가 자존감이나 자신감을 고양한다는 연구 결과도 있는데 이는 타자의 평가에 의존하여 자신을 평가한다는 사회심리학 이론에도 들어맞는다.[37]

그러나 일반적으로 우리는 질투의 대상이 되기를 두려워한다. 타인의 악의 담긴 눈빛은 극단적으로 마음을 불편하게 만들며 자신의 행복을 꺼림칙한 것으로 느끼게 한다. 그뿐만 아니라 질투자는 나의 불행을 바라며 비판적인 말을 퍼뜨리거나 신체적 공격까지 불사할 가능성도 있다.

특히 작은 커뮤니티에서 질투의 대상이 되는 것은 생사와 밀접하게 관련된 문제였다. 닫힌 사회에서는 가진 자가 부와 행운을 보란 듯이 과시해서는 안 된다. 타인의 질투가 자신의 파멸과 직결되기 때문이다.

질투를 해부하다

미국 인류학자 조지 M. 포스터George M. Foster는 닫힌 사회에서의 질투를 명쾌하게 논한다. 포스터의 〈질투의 해부학〉이라는 논고를 기초로, 작은 커뮤니티에서 사람들이 질투를 얼마나 두려워하며 회피해 왔는지 살펴보자.[38]

농경사회처럼 닫힌 사회에서 구성원의 이해득실은 주로 제로섬 게임의 성향이 짙다. 즉, 생산 확대와 경제성장 같은 자본주의적 관념과는 거리가 멀기 때문에 특정 인물, 특정 가족의 이익이 필연적으로 누군가의 손실로 연결된다.

이런 커뮤니티에서는 이웃의 눈길을 두려워하기 때문에 타인보다 많이 갖고 싶어 하지 않는다. 타인보다 많이 가졌다는 것 자체로 질투와 증오의 대상이 될 수 있기 때문이다.

질투를 피하는 네 가지 전략

그러면 어떻게 해야 질투의 대상이 되지 않을 수 있을까?
포스터는 우리가 이웃의 질투를 막으려 할 때 다음과 같은
네 가지 전략을 활용한다고 설명한다.

은닉

첫 번째 전략은 '은닉concealment'이다. 질투의 대상이 될
만한 것을 이웃의 눈에 띄지 않게 숨기는 것이다. 예를 들
면, 멕시코에 있는 친춘찬Tzintzuntzan이라는 마을에서는 아
기를 갖는 것이 질투의 대상이 되므로 임산부는 복부를 꽉

묶어 임신 사실을 가능한 한 오래 숨긴다고 한다. 남편이 출산 고통을 모방하는 의만擬娩, couvade 풍습을 가진 부족도 여럿 있는데 이 또한 사람들의 시선이 아내나 아이가 아니라 남편에게 쏠리도록 하는 하나의 은닉 전략일 수 있다고 포스터는 지적한다.

비슷한 행위가 우리의 일상에서도 심심치 않게 발견된다. 예를 들면, 대학 연구계에는 임용 등이 정해져도 내정 단계에서는 가족 등 매우 가까운 인물에게만 알려야 한다는 불문율이 있다. 경쟁과 질투가 심한 연구자 커뮤니티에 이런 소식이 퍼지면 악의를 품은 누군가가 자신의 평판을 의도적으로 떨어뜨려 성공을 방해할 수도 있기 때문이다. 물론 예전에 어쩌다 그런 일이 있었을 뿐 요즘엔 그런 방해 공작 따위는 없다고 믿고 싶지만, 어째서인지 이 불문율은 여전히 굳게 지켜진다. 이런 관습도 타인의 질투를 피하기 위한 행복의 은닉인 셈이다.

부인

그러나 은닉 전략이 늘 효과적이지는 않다. 이웃은 끊임없이 매서운 눈길로 나를 살핀다. 잘 숨겼다고 해도 내가 무심코 보인 행동이 불씨가 되어 사람들 입에 소문이 오르내리기 십상이다(질투자는 이사 또는 부자연스러운 침묵 같은 사소한 힌트로도 타인의 성공이나 행운을 의심하고 억측한다).

은닉이 성공적이지 않을 때 이어지는 전략이 '부인denial'이다. 타인이 보내는 칭찬이나 입에 발린 말에 "아니, 별거아니에요" 하고 겸손을 보이는, 일상에서 흔한 방식이다. 타인의 질투를 불러일으킬 만한 것의 가치를 일부러 부정하거나 과소평가함으로써 상대의 질투를 완화하려고 한다. "훌륭한 자제분을 두셨네요"라는 말을 들으면 "아니에요. 저희 애가 얼마나 산만한지 몰라요"라고 답하는 식이다.

생태 인류학 분야에서도 부족 사회가 어떤 식으로 감정을 조절하는지에 주목한다. 남아프리카 칼라하리 사막에 사는 부시먼에 관한 연구에 따르면, 부시먼은 사냥에 나가서 커다란 사냥감을 잡았을 때 매우 기뻐하지만 정작 사냥에 성공한 장본인에게는 겸허함이 요구되므로 주인공은 사냥의 성공에 환희를 표현해서는 안 된다.

> 사냥에 성공한 사람에게는 겸손한 태도가 요구된다. 거물을 잡은 사냥꾼은 집으로 돌아와도 누군가 말을 걸 때까지 묵묵하게 앉아 있어야 하며 누군가 "오늘 사냥은 어땠나?" 하고 물어도 차분하게 "아주 작은 것을 잡았을 뿐"이라고 대답해야 한다.[39]

자신의 공적을 부인함으로써 질투의 발생을 억제하는 것이다. 자신의 성공을 너무 과시하지 않는 것이 작은 커뮤니티에서 얼마나 중요한지 알 수 있는 대목이다.

포스터는 장례식에서 어두운 상복을 입고 쾌락과 연결된 다양한 활동을 자숙하는 행위도 고인이 살아 있는 자를 질투하는 일을 막기 위한 상징적 부인이라고 설명한다. 장례식에서는 삶이 그다지 가치가 없는 것처럼 고인에게 보여주고, 이런 장례식이 끝나면 더는 고인에게 미안함이나 찜찜함을 느끼지 않고 편안하게 삶의 즐거움을 누리는 것이다.

작은 선물

하지만 은닉과 부인에도 질투자가 좀처럼 시선을 거두지 않아 다른 전략이 필요해질 때, 작은 선물^{sop}이 유효할 수 있다. 작은 선물이란, 경쟁에서 진 자의 실망감을 달래는 상징적 나눔을 말한다. 승자는 질투자에게 작은 선물을 건넴으로써 질투심을 상쇄하려 한다.

이를테면, 요르단의 여관에서는 숙박객이 "컵이 참 예쁘네요"라는 식으로 무언가를 칭찬하면 주인은 "괜찮으면 가져가세요" 하고 답해야 한다. 이로써 주인은 손님의 질투심을 억제할 수 있다고 생각하기 때문이다. 물론, 이런 상황에서 손님은 주인의 제안을 거절하는 것이 예의이다. 여기서는 고도의 커뮤니케이션이 이루어진다.

우리 일상에도 이런 작은 선물 전략은 빈번하게 활용된다. 결혼식에서 부케를 던지고 여행에 다녀오면 기념품을 선물로 건네는 행위에도 상징적 나눔의 기능이 있다. 이처럼 특별한 기회를 누리지 않는 상대의 질투를 피하기 위한 시스템은 사회 곳곳에 존재한다.

참고로, 일본에서는 식당에서 팁을 주는 일이 흔치 않

지만 식당 종업원에게 팁을 건네는 관행을 가진 나라가 많다. 팁의 그 기원을 살펴보면 종업원의 질투를 억제하기 위한 나눔의 일종이었다고 포스터는 분석한다. 음식은 전형적인 질투의 대상이므로 팁을 건넴으로써 안심하고 식사를 즐길 수 있다는 것이다.

공유

은닉, 부인, 선물 전략이 충분히 기능하지 않을 때 마지막 기댈 곳은 바로 공유true sharing이다. 다른 전략들이 성공적이지 않다면 질투를 피하기 위해서는 선물 수준을 한참 넘어서 자신의 부와 행복을 공유하는 수밖에 없다.

라틴아메리카 농촌 커뮤니티에서는 마요르도모mayordomos, 현장 감독 같은 사람가 정기적으로 축제를 연다. 여분의 부를 가진 자가 연회를 개최하여 먹거리뿐만 아니라 불꽃놀이 등 볼거리도 성대하게 제공함으로써 커뮤니티 내 불균형을 원래 수준으로 되돌리고자 한다. 이른바 여분의 부를 파괴하는 것이다.[40]

마요르도모는 이런 축제를 개최하느라 막대한 빚을 지

기도 하는데 이는 자신의 생활 형편을 일부러 나쁘게 만들어 유복하지 않은 이웃의 질투를 피하기 위한 전략으로 해석할 수도 있다.

질투 공포는 끝없이 이어진다

질투를 받는 일이 얼마나 두려운 것인지, 또 어떻게 이웃의 질투를 피할 수 있는지 몇 가지 전략을 알아보았다. 평소 별생각 없이 행하던 행동도 어느 정도 포함되어 있었을 것이다. 그런데 사실 질투의 공포는 여기서 끝이 아니다. 질투를 받는 공포 이상으로 두려운 일이 있다. 포스터의 다음 문장을 살펴보자.

　　과하게 일반화하면 이렇게 표현할 수 있다. 인간은
　　자신이 가진 것에 대해 질투 받는 것을 두려워하며

타인의 질투로부터 자신을 지키려 한다. 또 자신이 누군가를 질투하고 있다고 비난 받기를 두려워하며 그 의심을 해소하고 싶어 한다. 마지막으로, 인간은 자신의 질투심을 인정하기 두려워한다. 자신의 질투심을 부정하고, 자신이 타인보다 열등한 상황에 있는 이유를 설명해 줄 근거나 시스템을 자신의 외부에서 찾고자 한다.[41]

포스터는 타인의 질투를 받는 일 외에도 두 가지 공포를 더 언급한다.

(i) 자신의 질투심을 타인이 알게 되는 공포
(ii) 자신의 질투심을 스스로 인정하는 공포

이런 공포는 포스터가 연구한 닫힌 농경사회에만 해당하는 것이 아니라, 현대 사회에도 통하는 부분이 있다.

자신의 질투심을 타인이 알게 되는 공포

당신이 누군가를 질투하고 있다고 타인이 생각하는 공포는 무엇일까? 앞에서 살펴봤듯이 우리는 자신의 질투심을 겉으로 드러내기를 극도로 꺼린다. 도덕적으로 옹호되기 어렵고 수치스러운 일임을 알기 때문이다. 타인의 성공이나 행복을 앞에 둔 상황에서 자신이 질투한다고 의심받을 것 같을 때, 당신은 그 혐의를 벗어나기 위해 어떻게 하겠는가. 예를 들어, 동기가 당신을 제치고 승진했을 때 진심으로 그를 축하하고 싶고 그 마음에 눈곱만큼의 질투도 섞이지 않았다는 것을 보여주려면 어떻게 해야 할까?

멕시코에서는 친구의 아이를 칭찬할 때 칭찬하면서 아이 뺨이나 엉덩이를 친다고 한다. 이른바, '당신의 아이를 칭찬하지만, 부러워하지는 않습니다(그러니 내 질투심을 걱정할 필요 없어요!)'라는 의미를 나타낸다. 어쨌거나 질투한다고 의심받는 일은 상당히 난처한 일임이 틀림없다.

자신의 질투심을 스스로 인정하는 공포

자신의 질투심이 타인에게 알려지는 일은 부끄럽지만,

자신의 질투심을 스스로 인정하는 데는 부끄러움과는 또 다른 잔혹함이 동반된다. 누군가에 대한 질투를 인정한다는 것은 그 인물에 대한 열등감을 인정한다는 뜻이기도 하다. 이런 인정은 자존심을 크게 상처입히므로 좀처럼 받아들이기 어렵다.

그래서 자신의 질투심을 받아들이기 위해서는 그 열등감을 자기 탓이 아니라 다른 무언가의 이유, 이를테면 통제 불가능한 운이나 운명 탓으로 돌리는 문화적 장치가 매우 중요한 기능을 한다. 실패나 불운을 신의 의지라고 여기면 자신의 능력 부족을 탓할 필요 없이 자존심을 지키면서 체념할 수 있다.

포스터는 열등감을 완화하는 문화 형식으로 '제비뽑기'의 기능에 주목한다. 몇 군데의 농경사회에서는 희소한 자원을 분배할 때 제비뽑기 방식을 이용했다. 결과적으로 분배받지 못해서 아무리 분하더라도 제비뽑기로 뽑은 이상, 승자에게 열등감을 느낄 필요는 없다.

비슷한 사례는 현대에도 있다. 예전에 어떤 연구 지원금이나 장학금 대상자를 선발할 때 어느 정도 틀이 정해져 있어서 명문대학 출신이 아니면 우선순위에서 밀려난다는 음모론이 있었다. 그래서 실제로 이 소문 덕분에 명문대학이 아닌 이상 결과는 운에 달렸다고 믿게 되므로 선발되지 않아도 자존심을 지키며 연구를 계속해 나갈 수가 있다(그리고 다음 해에 깔끔하게 재도전한다).

선거도 마찬가지이다. 자민당이 오랫동안 우세한 일본에서조차, 선거라는 존재가 최소한의 불확실성과 불투명성을 정치의 영역으로 가져온다. 선거 때면 ○○가 표를 조작한다는 음모론이 종종 고개를 내미는데 민주주의에서 이런 불확실성과 불투명성은 매우 결정적인 요소이다. 즉, 선거의 이런 애매함 덕분에 패자도 '선거가 정당하게 진행되었다면 우리가 승리했을 것', '투표율이 ○퍼센트만 더 높았어도 야당이 이겼을 것'이라고 주장할 수 있으므로 패했어도 자존심을 유지하며 다음 선거를 기대할 수 있게 된다.

도덕적 질투

현대 사회에서는 질투의 표현 방식도 한층 복잡한 양상을 띤다. 흔히 질투는 자기보다 우위에 있는 사람을 향한다고 생각하지만, 실제로는 그 원칙이 통용되지 않는 경우도 많다. 인류학자 데이비드 그레이버David Graeber는 화이트 칼라인 공장의 중간관리직이 블루 칼라인 현장 노동자에게 품는 반감을 '도덕적 질투moral envy'라 칭한다.

왜 화이트칼라가 블루칼라에게 질투를 느낄까? 이 심리를 이해하기 위해 그레이버가 개념화한 쓸모없는 일자리bullshit jobs를 짚어볼 필요가 있다. 쓸모없는 일자리란, 없어져도 사회에 아무 불편도 가져오지 않을 법한 일(이를테면 인재 컨설턴트 등)을 말하는데 그레이버에 따르면, 현대 사회에는 그런 직업이 넘쳐난다. 기술 발달에 따라 인간은 노동에서 해방되기는커녕 점점 더 많은 쓸모없는 일에 종사하게 되었다. 더구나 이런 일에는 높은 보수가 지급되고 사회적으로 꼭 필요한 일essential work일수록 임금이 적은 현대 사회의 모습에 그레이버는 경종을 울린다.

도덕적 질투는 쓸모없는 일 현상에 따른 결과이다. 중간관리직이 노동자를 질투하는 것은 중간관리자의 일이 무의미한 데 반해, 노동자는 자신의 업무에 자긍심을 느낄 수 있는 상황이기 때문이다. 이런 일에 종사하는 인간은 사회의 핵심 업무에서 소외되어 있다고 표현해도 좋을 것이다. 자기와는 달리, 블루칼라 노동자가 보람 있고 의미 있는 일을 한다는 사실이 질투와 반감을 유발한다.[42]

질투의 경제학

질투가 가장 노골적으로 드러날 때는 언제일까? 바로, 돈이 얽혔을 때다. 동료와 자신의 급여 차이에 따라 일희일비하는 것이 우리의 일상이다. 금전적 수치는 비교를 쉽게 하므로 질투의 온상이 되기 쉽다.

질투론의 대가인 헬무트 쉐크에 따르면, 질투는 제도와 잘 맞는 감정이다. 실제로 사회에는 질투에서 기인했다고 해도 과언이 아닌 다양한 제도가 존재한다. 전형적인 예가 누진세와 상속세이다. 이 제도는 공평한 부의 재분배라는 개념에 근거하고 있으나, 사람들의 질투심에서 그 정당성을 조달한다는 사실을 부정할 수는 없다. 사람들은 부자가 세금을 더욱 많이 내야 한다고 생각하며, 부자들도 그 주장을 강하게 거부하지 못한다. 제레미 벤담Jeremy Bentham은 징세 효율을 높이기 위해 사람들의 질투심이 교묘하게 이용된다고 지적한다. 징세원 역할을 자처한 질투심이 돈이 들지 않는 충성스러운 개가 되어 이웃이 수입을 적게 신고했을 가능성을 밀고하게 만든다는 것이다.[43]

한정된 재화와 자원을 어떤 식으로 분배해야 좋을까? 이는 아주 오래전부터 있었던 분배적 정의에 관한 문제이다. 이와 마찬가지로 부담을 분담하는 방식에 관한 문제, 즉 조세 또한 정의와 깊은 관련이 있다.

세금은 언뜻 감정과는 거리가 먼 중립적인 것처럼 보이지만, 그 이면에는 '질투의 경제학'이라 불려 마땅한 문제가 숨겨져 있다. 세금을 걷는 방식은 사람들의 질투심과 아주 깊은 연관이 있기 때문이다. 세금과 질투의 관계를 가볍게 살펴보자.

세금, 즉 부담을 어떻게 분담해야 공평할까? 절대 간단하지 않은 문제이다. 세금 분야에서 공평함의 개념은 크게 두 가지, 수직적 공평과 수평적 공평으로 나뉜다.

수직적 공평은 소득(또는 소비, 그 외 과세 근거)의 차이에 상응하여 세금을 징수하는 것이 공평하다는 개념이다.[44] 즉, 소득이 많은 사람이 더 많은 부담을, 소득이 적은 사람에게는 더 적은 부담을 요구하는 것이 합당하다는 사고방식이다.

한편 수평적 공평은, 같은 수준에서는 모든 것을 똑같이 취급해야 한다는 생각으로, 수직적 공평보다 받아들이기 쉬운 편이다.

소득이 다른 사람들이 어떤 식으로 부담을 분배하는지가 정의와 무슨 관련이 있을까? 가장 단순한 시스템으로는 인두세를 떠올릴 수 있다. 인두세는 능력이 있든 없든, 소득이 많든 적든, 모든 사람에게 같은 부담을 부과한다. 그러나 이는 분명한 역진성을 가지므로 수직적 공평과는 양립 불가능한 조세 제도로서 평판이 꽤 나쁘다. 영국 전 총리 마거릿 대처Margaret Thatcher가 인두세를 도입하여 국민의 거센 반발을 사면서 총리직에서 물러나는 결과를 맞기도 했다.

누진세는 질투심의 산물인가

고소득자가 저소득자보다 세금을 더 많이 내야 한다는 누진세 같은 사고방식이 인두세보다는 훨씬 일반적이라 할 수 있다. 많이 낼 수 있는 사람이 당연히 많이 내야 한다는 생각이 상당수의 사회에서 합의되었다.

질투에 관한 연구를 진행하다 보면, 누진세 또는 상속세에 따른 공평의 추구를 가난한 자의 질투심과 연관 지어 인식하는 사고방식을 심심치 않게 접한다. 경제사상가 프리드리히 하이에크Friedrich Hayek가 대표적인 예이다. 하이에크는 누진세가 일반 대중에게 부담을 강요하는 조세 제도이며 사람들의 질투심에서 동력을 조달한다고 주장한다.

> 누진세로 부유한 자들에게 부담을 떠넘길 수 있다는 환상 때문에 과세는 급속도로 증가하였고 이 환상의 영향으로 일반 대중은 훨씬 무거운 부담을 지게 되었다. 누진세 같은 정책의 유일한 결과는, 최대 성공자가 벌어들일 수 있는 소득에 엄격한 제한을 가해 비교적 풍족하지 않은 사람의 질투심을 만족시키는 것

뿐이다.[45]

사회주의 같은 집산주의는 자유에 대한 억압이며 신자
유주의 이데올로기가 넓게 침투하는 데 영향력을 행사한
다고 하이에크는 비판했다. 하이에크 따르면, 누진세는 가
난한 자가 성공한 자의 발목을 잡아당기며 자신의 질투심
을 위로하는 비열한 조세 제도이다. 게다가 누진세라는 방
식으로, 다수자는 소수자에게 한도 없는 부담을 요구하는
것이 가능해진다. 이런 제도는 '민주주의 원칙을 침해'[46]하
므로 다수자의 독재와 다름없다고 하이에크는 지적한다.

참고로, 하이에크는 누진세가 아니라 비례세를 옹호하
는데 부유한 자에게도 가난한 자와 똑같은 세율을 적용하
는 방식이 합당하다고 주장하는 것이다. 즉, 비례세처럼
'각자 다른 세액을 납부하지만, 동의하기 쉬운 균등한 원
칙'[47]이 있으면 질투에 사로잡힌 가난한 다수파가 부유한
소수파의 발목을 잡아당기는 억지스러운 세율을 부과하
지 않으리라 보았다.

실제로 누진세가 질투의 산물인지 아닌지는 판단하기

어렵다. 다만, 뒤의 제4장에서 언급하듯이 정의와 공평에 대한 요구를 비판할 때 대중의 질투심을 거론하는 수법은 보수주의적 이데올로기에서 자주 보이는 레토릭이라는 점을 알아둘 필요는 있다.

　이번 장에서는 질투란 무엇인지 간추려 알아보았다. 질투의 가장 큰 특징은 '비교가 있는 곳에 질투가 있다'는 것이다. 대중의 질투는 무엇보다 경계해야 할 대상으로 경멸을 받아왔다. 다음 장에서는 이 집요하고 그악스러운 감정이 사상사에서 어떤 식으로 다뤄졌는지 암담한 계보를 그려보고자 한다.

民主社会に渦巻く
情念を解剖する

제2장

질투의 사상사

질투에는 휴일이 없다.

- 프랜시스 베이컨 Francis Bacon 《수필집》[1]

제1장에서 우리는 질투의 특징을 대략 살펴보았다. 프롤로그에서 밝혔듯이 질투라는 감정은 인문학과 사회과학 영역에서 그리 인기 있는 주제가 아니었다. 그러나 질투에 대해 사상적, 철학적 고찰이 전혀 없던 것은 아니다. 체계적으로 정리해서 고찰했다기보다는 기회가 있을 때마다 짧게 언급되는 일이 많았다. 관련 고찰을 전부 다루는 것은 지면 관계상 또한 의론의 필요성을 고려할 때 의미가 없을 듯하다(솔직히 동형의 의론이 반복되는 느낌을 부정할 수 없다). 여기서는 질투라는 정념에 대해 고찰하기 위해 몇 가지 특징적 통찰을 추려봄으로써 질투론의 계보를 그려보고자 한다.*

● 이번 장에서 질투의 계보를 정리하는 데 헬무트 쉐크와 사라 프로다시의 의론을 주로 참고하였다.

질투를 파악하는 방식

먼저 짚고 넘어가야 할 부분이 있다. 똑같이 '질투'로 표현되었다고 해서 과연 다른 시대와 지역에서 묘사된 감정을 하나로 묶어서 이해해도 될 것인가에 대한 문제이다. 어원적으로 같은 말을 유사한 상황에서 사용한다고 하더라도 시대적 문화적 배경이 다른 사람들이 똑같은 감정을 느꼈다고 볼 수 있을까? 구체적으로 말하자면 아리스토텔레스가 논하는 질투, 후쿠자와 유키치가 논하는 질투, 그리고 우리가 매일 느끼는 '타인을 시기하는 마음'을 온전히 똑같은 감정으로 취급해도 좋을까?

이 점에 대해서 최근 '감정의 역사'에 관한 연구를 참고하고자 한다. 감정사란, '과거에서 느껴지고 표현된 감정을 고찰하여 감정에 어떤 변화가 일어나 무엇이 과거와 현재를 결부시키는지에 주목한 것'이다.[2] 다시 말해서, 감정사는 눈에 보이지 않는 감정이라는 대상을 역사적 맥락 안에서 새롭게 파악하려는 시도이다. 얀 플럼퍼Jan Plamper는 감정이라는 종잡을 수 없는 존재의 역사를 기술하면서 우리와 동일한 문제에 직면하였다.

> 다양한 분야, 시대, 문화 속에서 각기 다른 용어로 나타난 말을 같은 '감정'으로 취급하는 데 충분한 의미상 일체성이 존재하는가.[3]

다시 말해, 다른 지역과 시대에서 나타나는 감정을 동일시해도 되는가에 대한 문제 제기이다. 이처럼 눈에 보이지 않는 것 특유의 성가신 문제를 해결하기 위해 플럼퍼는 '감정'을 '메타개념'으로 사용한다. 시대나 지역에 따라 제각각인 '감정'이 존재한다는 유명론적 접근이 아니라 시대와 지역성을 관통하는 공통성이 감정에 있다고 이해하고 특수한 상황을 초월한 '감정'의 일반 개념이 존재한다고 생각하는 것이다(실재론적 접근). 플럼퍼는 '메타개념'이 없는 학문(유명론적 학문)은 원칙 없이 운영되어 결국 퇴보할 것이라고 지적한다. 물론 특정 용어가 사용되는 역사적 맥락을 무시할 수는 없다. 다만, 이런 역사화 작업과 시대나 지역을 초월한 차원에서 개념을 파악하는 일은 양립하므로 메타개념으로서 감정의 역사를 논하는 데도 분명 의미가 있다.

여기서도 플럼퍼의 제안을 참고하여 질투의 사상사를 논하고자 한다. 확실히 각 사상가가 논하는 질투가 전부 같지는 않더라도 현실적으로 그 안에 공통 요소가 전혀 없다고 볼 수는 없다. 이 책에서는 질투를 메타개념으로 파악하고 각 의론의 느슨한 연결고리를 이해하여 다루고자한다. 이에 따라, 완전하지는 않겠으나 질투라는 감정을 다양한 각도에서 검토하고 질투의 특성에 접근할 수 있을 것이다.

쾌락과 고통의 혼합 - 플라톤

질투에 해당하는 감정은 고대 그리스에서 이미 잘 알려져 있었다. 완전히 일치하지는 않지만 질투에 해당하는 감정으로 거론되는 고대 그리스어는 'phthonos'이다.

이 표현은 《티마이오스》, 《메넥세노스》, 《파이드로스》 같은 플라톤Platon의 저서에 등장하는데, 사라 프로타시Sara Protasi가 지적하듯이 이런 저서에서 질투는 대개 철학적 진리나 사랑을 방해하는 요소로 나타났으며 질투라는 감정에 대해 플라톤의 특징적 견해를 보여주지는 않는다.

다만, 플라톤의 저서 중 《필레보스》는 주목할 만한 질투론을 포함하고 있다. 후기 대화편의 하나로, 쾌락의 본질을 주제로 다루는 《필레보스》에서 플라톤은 소크라테스가 말하는 질투의 양면성을 다음과 같이 전한다.

> 그렇다면 우리가 가까운 사람들의 가소로운 모습을 보고 우스워할 때, 말할 필요도 없이 우리는 질투에 쾌락을 섞으며 고통에 쾌락을 섞는다네. 우리가 앞서 합의했듯이 질투는 영혼의 고통이고 웃는 것은 쾌락인데 이때는 쾌락과 고통이 함께 발생하기 때문이지.[4]

질투는 확실히 영혼의 고통이며 이웃이 손해를 볼 때 질투는 쾌락을 유발하기도 한다. 이는 제1장에서 살펴본 샤덴프로이데에 해당한다. 플라톤은 질투를 '쾌락과 고통의 기묘한 혼합[5]'이라고 표현하는데 고통이 섞인 쾌락(여기서는 샤덴프로이데)은 물론 '진정한 쾌락'이 아니다.

다만, 제1장에서 살펴본 바와 같이 질투와 샤덴프로이데를 동일하게 보는 것은 논쟁의 여지가 있다. 사실 질투와 샤덴프로이데는 분명하게 구별된다(모든 질투에 샤덴프로이데가 동반되지는 않는다.) 플라톤의 논의는 새로운 개념을 제시했다기보다 '질투에 대한 철학적 의론에서 중요한 조류를 대표하는 것'[6]으로 이해하는 편이 좋을 듯하다.

질투자의 전략 분석 – 이소크라테스

그 외에 고대 그리스 현인 중 질투를 논한 인물로 이소크라테스Isocrates를 들 수 있다. 이소크라테스는 아테네 출신 수사학자이자 웅변가이며 고르기아스와 소크라테스를 스승으로 섬긴 인물이다.

이소크라테스의 생애와 업적을 망라하여 소개한 히로카와 요이치廣川洋一에 따르면, 이소크라테스는 플라톤과 나란히 그리스 교양 이념의 한 축을 담당했다. 플라톤의 교양이 엄숙한 학문을 기초로 하는 '수학적 교양'임에 반해, 이소크라테스는 문화적이고 수사적 교양을 추구했다. 요이치가 정리한 이소크라테스의 교양은 '언변을 연마하여 육성하는 것이 인간이 가장 인간다워지는 방법이라고 여기며 자기 생각을 말로 표현하는 기술 연마를 인간 형성의 주요 학문'으로 삼는다.[7] 수사학에 근거한 교양이 로마와 중세 유럽에 끼친 영향은 상상을 뛰어넘을 만큼 강력했다.

그런데 이소크라테스는 유복한 가정에서 태어난 데다 지혜와 언변이 뛰어나고 많은 제자를 두어 종종 질투의 희생양이 되었다고 한다. 다음의 서술을 살펴보자.

> 내가 얼마나 심혈을 기울였는지 너무도 잘 아는 사람조차 질투에 휩싸여서 다른 소피스트들과 조금도 다르지 않은 감정에 빠진 채, 나를 오해하는 이들을 보면서 쾌락을 느낀다.[8]

상황이 이러하니, 이소크라테스는 질투라는 감정에 자연히 관심을 두게 되었을 것이다. 질투에 대해 분석하여 무엇이 질투를 부추기고 어떻게 해야 그 감정을 해소할 수 있는지 다양한 전략을 논했다.

변론가이기도 한 이소크라테스는 질투자가 사용하는 레토릭과 전술에 주목했다. 이소크라테스에 따르면, 질투자는 무언가 구실을 붙여서 칭찬을 아끼거나 일부러 다른 것을 요란하게 칭찬한다. 왜냐하면 질투자는 '실천적 언사를 모함하면 자신의 명예가 높아진다고 착각하기 때문'이다.[9] 실제로 이소크라테스 본인도 민중의 질투를 억제하기 위해 다양한 전략(이를테면, 자신을 향한 찬사에 겸손한 태도를 보이거나 자산을 적게 보이는 것)을 구사한 듯하다.[10]

이소크라테스는 엘리트를 향한 대중의 질투심에 부정적이었는데 대중이 가지는 평등주의적 질투egalitarian envy는 우월한 자의 파멸을 바라는 악의적인 것에 불과하다고 보았다. 그저 엉뚱한 곳을 향한 불만으로 여긴 것이다. 이소크라테스의 이런 엘리트주의적 태도에서 '질투의 정치에 대한 그의 경계심 가득한 비판은 현대 우파 정치가에게 하나의 모델이 되고 있는지도 모른다'[11]고 평가하는 자도 있다. 그러나 이소크라테스는 부를 나누지 않는 엘리트를 비판하기도 하였으므로 이 부분에서 이소크라테스를 단순하게 평가하기는 어렵다.

질투와 증오 - 플루타르코스

이어서 로마로 시선을 돌려보자. 플루타르코스Plutarchos는 제정 로마 시대 그리스인 역사가이며 《영웅전》으로 널리 알려진 인물이다. 삶의 방식에 대해 논한 《모랄리아》에는 〈질투와 증오에 관하여〉나 〈질투받지 않으면서 자신을 칭찬하는 일에 대해〉 같은 작품이 수록되어 있다.

이번 장에서는 〈질투와 증오에 관하여〉를 살펴보고자 한다. 여기서 플루타르코스는 질투와 증오에 비슷한 점이 있음을 인정하되 두 감정을 다음과 같이 구분한다.

첫째, 증오는 나쁜 인간을 대상으로 하지만 질투는 상

대의 선악과 상관없이 그의 행복을 보는 것만으로 생겨난다. 또, 증오에는 한도가 있지만 질투에는 한도가 없다는 점도 중요하다.

둘째, 증오는 이성이 없는 동물을 향해서도 일어날 수 있으나 질투는 오로지 인간을 향한다. 이를테면 어떤 동물을 증오라 할 만큼 싫어하는 사람은 상상할 수 있어도 대낮에 기분 좋게 낮잠 자는 고양이를 보면서 느끼는 감정은 부러움일지언정 질투라고 부르기는 어려울 것이다.

셋째, 증오는 대부분 정당성이 있는 데 반해, 질투가 정당하게 발생하는 경우는 없다. 증오해야 할 대상에게 반감을 보이지 않는 자가 있으면 '그런 놈을 편들다니' 하고 비난하는 일까지 있다(소셜미디어 시대에 흔히 나타나는 경향이다). 그러나 질투는 좀처럼 밖으로 드러나는 일이 없는데 우리가 누군가를 질투하고 있다고 공언하지 않는 이유는 질투에는 정당한 이유도 없을뿐더러 마음 어딘가 켕기는 구석이 있기 때문이다.

플루타르코스에 따르면, 질투를 받는 인물이 극단적으로 행복해지거나 불행해지면 보통 질투심은 작아지는 데 반해, 증오는 사라지지 않는다. '상대가 행복해지든 불행해지든 증오는 그 본성상 사라지지 않으나, 질투는 상대가 어느 쪽으로든 과잉 상태에 이르면 약해지기 마련'이라고 플루타르코스는 논한다.[12]

이런 지적은 질투가 자신과 비교 가능한 사람만을 향한다는 특성과 관련이 있다. 질투하는 상대가 비교 불가능한 수준으로 성공하거나 몰락하면 그 인물은 질투 후보자 목록에서 제외된다.

반대로, 증오가 약해지는 상황(플루타르코스가 제시한 예로는 더는 부정한 일을 겪지 않을 것이란 확신이 생기거나, 상대를 선인이라 생각하게 되거나, 상대로부터 좋은 대우를 받는 경우이다)이라도 질투는 사라지지 않으며 오히려 강해지기도 한다. 질투하는 상대로부터 무언가를 받음으로써 질투심은 더욱 증폭되는 것이다. 이런 관점에서 플루타르코스는 질투와 증오를 구별하였다.

그런데 플루타르코스는 이 짧은 논고의 마지막에 질투자의 소망에 관해 매우 흥미로운 이야기를 한다. 질투자가 상대방의 불행이나 실패를 바랄 때 실제로 어느 정도의 불행을 바라는지에 대한 내용이다.

> 질투하는 자는 상대의 명성과 명예를 가능하면 무너
> 뜨리려 한다. 그렇다고 해서 회복 불가능할 정도의
> 재앙을 바라지는 않고, 명성과 명예를 깎아내림으로
> 써 마치 지붕 위에 드리운 그림자처럼 자신들을 뒤덮
> 은 그림자를 걷어내는 정도면 충분하다.[13]

여기서는 질투자가 상대의 적당한 좌절에 만족한다고
하나, 이 부분은 다소 논쟁의 여지가 있다. 질투자는 상대
의 완전한 파멸을 바랄까 아니면 상대가 자신과의 격차만
큼만 잃어버리는 데서 만족할까? 질투의 불꽃에 사로잡혀
있을 때는 분명 전자일 테지만, 막상 상대가 자신이 있는
곳까지 내려오면 그 불꽃은 사그라들어 그 이상 상대의 파
멸까지는 바라지 않게 되는 것이 우리의 현실일 것이다.

질투와 사랑 - 토마스 아퀴나스

제1장에서 살펴본 아리스토텔레스의 질투론을 떠올려 보자. 아리스토텔레스는 질투가 비슷한 사람들 사이의 비교에서 비롯된다고 강조하였다. 이런 주장을 짙게 반영한 사람이 중세 신학자 토마스 아퀴나스Thomas Aquinas이다. 아퀴나스의 신학은 아리스토텔레스 사상과 기독교 사상을 종합한 것으로 평가를 받으며 이는 종종 '중도적中道的 아리스토텔레스주의'라고도 불린다. 아리스토텔레스 철학을 쇄신하는 동시에 기독교 신학을 재구축하고자 한, 중세 신학자 중 가장 널리 알려진 인물이다.

아퀴나스는《신학대전》제2-2부 36번째 항목에서 질투invidia를 '타자의 선의에 관한 기우'라 하였다. 또한 아리스토텔레스를 따라, 질투심의 원인으로 '유사함'을 인정한다. 즉, 사람은 자기와 비슷한 상대를 질투하며 자신과 완전히 동떨어진 상대를 질투하는 일은 없다. 평민이 왕을 질투하거나 왕이 평민을 질투하는 일이 없는 것과 같다.[14]

아퀴나스의 고찰에서 흥미로운 점은 질투와 사랑을 대비하여 논하는 점이다(뒤에서 언급할 칸트와 스피노자의 의견과도 유사한 부분이 있다). 질투가 타인의 선善에 대한 고통이라면, 사랑은 같은 것을 보며 기뻐하는 감정이다. 그런고로 질투는 그 자체로 대죄일 수밖에 없다.

질투를 느꼈다 해도 죄의 경중은 이성의 승인 여부에 달렸다. 질투가 아주 조금 마음에 싹텄을 뿐 구체적인 행동으로 이어지지 않는다면 그것은 아직 작은 죄라고 아퀴나스는 말한다. 그가 제시한 예에 따르면, 아우구스티누스가 관찰한 바와 마찬가지로 유아의 질투는 이성의 승인을 거치지 않았으므로 대죄가 아니다.

세세한 뉘앙스 차이는 있지만 전반적으로 아퀴나스는

질투를 부정적인 것으로 파악한다. 그 의미에서 아퀴나스의 고찰은 그 이전 철학자와 신학자의 전통적 사고를 잇고 있으나 그 의론이 기독교 사회에 가져온 영향력을 미루어 봤을 때 그 의의는 상당히 크다고 볼 수 있다.

질투의 효용 – 프랜시스 베이컨

일반적으로 근대라 불리는 시대로 들어가며 질투심은 더욱 폭넓은 관심의 대상이 된다. 그 관심은 고대·중세의 도덕적 종교적 화제를 벗어나 사회와의 관련성을 논의하며 폭을 넓혀갔다.

　·이런 맥락에서 가장 먼저 살펴볼 사상가는 단연 프랜시스 베이컨이다. 베이컨의 질투론은 17~18세기 하나의 범례로서 커다란 영향을 끼쳤다.[15] 베이컨은 질투에 관해 몇 가지 흥미로운 말들을 남겼는데, 예를 들면 '질투는 온갖 곳을 쏘다니는 정념으로 거리를 방랑하며 집에 있지 않는

다'[16] 또는 '질투는 가장 집요하고 끈덕진 감정이다'[17]라는 표현에서 그 감정에 대한 베이컨만의 통찰이 엿보인다.

또 '질투는 늘 (자신과 타인을) 비교하는 것과 관계가 있다. 비교가 없는 곳에 질투도 없다'라는 표현에서는 아리스토텔레스의 통찰과 상통하는 부분도 보인다. 베이컨에 따르면, 질투는 자신이 받는 대우가 개선되어도 사라지지 않으며 이런 성질은 고귀한 신분의 특권계급도 예외가 아니다. 베이컨은 '왕은 왕에게서만 질투를 받는다'[18]라고 하였다.

베이컨은 질투자의 유형에 대해서도 논하고 있는데 구체적인 예로는 다음과 같은 사람을 든다. 인덕仁德이 없는 사람, 캐묻고 참견하기 좋아하는 사람, 자신의 상황을 도저히 개선하지 못할 것 같은 사람, 재난이나 불행 뒤에 출세한 사람, 경박하고 허영심이 많아서 온갖 일에 나서려는 사람, 동료나 형제처럼 가까운 자가 있는 사람이다. 고개를 갸웃하게 되는 부분도 있지만 대체로 현대의 상식과 그리 멀지 않다.

그렇다면 질투를 받기 쉬운 사람은 어떤 인물일까? 베

이컨에 따르면, 인망 높은 사람, 신분이 고귀한 사람, 차근차근 성공한 사람, 엄청난 고생과 대가를 치르고 명예를 얻은 사람 등은 그다지 질투를 사지 않는다고 말한다. 그들의 행운이나 성공을 지당한 것으로 인정하기 쉽기 때문이다.

한편, 가장 질투 받기 쉬운 사람은 자기 행운을 과시하며 자랑하는 사람이다. 베이컨은 이에 대해 다음과 같이 서술한다.

> 가장 질투 받기 쉬운 사람은 자신의 행운이 얼마나 대단한지 거만하게 과시하는 사람들이다. 그들은 자신이 얼마나 대단한지 외형적 허세를 부리거나 반대자와 경쟁자를 군림하는 방식이 아니고는 절대 만족하지 않는다. 그러나 현명한 자는 오히려 자기와 관계없는 일엔 손해를 보고 상대에게 압도됨으로써 질투에 희생양을 제공한다. 다만, 자기 행운의 대단함을 솔직하고 숨김없이 드러내는 사람은(오만과 허영을 동반하지 않는 한) 음험하고 교활하게 과시하는 사람보

다 질투를 덜 받는다.[19]

자신의 행운을 과시하는 자가 질투를 부르기 쉬운 것 분명하다(과시에 대해 제3장에서 자세히 다룬다). 그러나 거침 없이 행운을 보여주는 것보다 음흉하게 살짝 냄새를 풍기는 편이 질투를 사기 쉽다는 지적이 특히 흥미롭다. 슈퍼리치 도널드 트럼프Donald Trump가 백인 노동자계급의 지지를 받고 힐러리 클린턴Hillary Clinton이 그렇지 못한 데는 이런 이유가 있는지도 모른다.

베이컨은 '질투를 치료하려면 마법의 힘을 빌리는 수밖에 없다'고 말한다.[20] 질투의 저주를 풀려면 다른 누군가에게 감염시켜야 한다. 질투를 그 자체로 진정시키는 일은 매우 어려우므로 질투심이 옮겨갈 다른 목표가 어떻게든 필요해진다. 그래서 현명한 자는 자신에게 쏟아질 질투를 전가하기 위해 다른 누군가를 등장시켜서 자신에게 향할 수 있는 질투를 슬쩍 옆으로 돌려버린다.

일반적으로 질투는 늘 경계의 대상으로 기피되었다. 마치 질투를 인류 불행의 시작, 사회 재앙의 원천으로 여기는 듯하다. 베이컨 또한 질투는 '가장 사악하고 가장 추잡한 감정'이라 칭하고 '어둠 속을 서성이며 밀과 같은 유익한 것에 해를 가한다'며 신랄하게 평가한다.

그러나 놀랍게도 그의 의론에는 조금이나마 '질투의 공적 사용'이라 할 만한 질투의 효용에 대한 지적이 있다. 베이컨은 질투를 '공적 질투'와 '사적 질투'로 나누고 다음과 같이 서술한다.

> 사적 질투에는 아무 장점이 없지만 공적 질투에는 어느 정도 도움 되는 점이 있다. 공적 질투는 지나치게 강대해진 자가 있으면 그의 명성을 실추시키는 도편추방제 같은 역할을 하기 때문이다. 질투는 강대한 자를 구속하는 고삐이기도 하다.[21]

사적 질투는 쓸모없으나 공적 질투는 나름의 효용이 있다고 베이컨은 말한다. 공적 질투는 국가적 질병으로서 고급 관료나 신분이 높은 인물을 실추시키는 데 도움이 된다는 것이다. 공적 질투는 전염병처럼 퍼져서 일단 사람들의 눈길이 엘리트에게 향하면 '엘리트들의 선한 행동마저 고약한 냄새를 풍기는 것으로 변질된다'[22]고 베이컨은 설명한다.

공적 질투가 '도움이 된다'고 여겨지는 이유는, 결과로서 과도한 불평등을 억제하기 때문이다. 그런 의미에서 고대 아테네에서 참주 등장을 방지하는 민주적 제도였던 도편추방이 예시로 등장한 것에 주목할 만하다. 도편추방이 민중의 질투 배출구로 기능했듯이 공적 질투는 민중이 권력자를 끌어내리는 힘이 되기도 한다는 것이다(도편추방에 대해서는 제5장에서 다시 다룬다). 질투라는 감정의 긍정적 역할을 고려한 베이컨의 의론은 질투의 사상사에서 매우 예외적이며 의미가 깊다.*

---

* 최근 정치 철학에는 질투의 효용을 논하는 의론도 존재한다. 예를 들어, Harrison P.Frye, "The Relation of Envy to Distributive Justice"(Social Theory and Practice, Vol. 42, No. 3, 2016)이나 Krista Thomason, "The Moral Value of Envy"(Southern Journal of Philosophy, Vol. 53, Issue 1,2015) 등을 참고하였다.

인간증오의 악덕 - 임마누엘 칸트

독일을 대표하는 철학자 임마누엘 칸트는 '인간애에 정면으로 대립하는 인간증오의 악덕'으로 질투(시기)와 배은망덕, 샤덴프로이데를 들며 혐오해야 할 하나의 그룹으로 묶는다. 이것들은 전부 공연하게 드러나지 않으며 은밀하고 비열하다는 공통점을 가진다.

　제1장에서도 소개했듯이 칸트는 질투를 '타인의 행복이 자신의 행복을 조금도 해치지 않는데 타인의 행복을 보는 것에 고통을 느끼는 마음'이라고 정의한다. 자신과 아무 상관 없는 이웃의 성공이 자신의 행복을 흐리게 하고

불운만 도드라지게 만드는 것이다. 칸트에 따르면, '질투는 인간의 본성이라 한번 폭발하면 적어도 마음으로는 타인의 행복이 파멸하기를 바라며 자기 자신 또한 괴롭히는 음흉한 욕정 같은 혐오스러운 악덕'이 된다.[23] 칸트는 타인을 사랑할 의무를 강조하면서 이런 악덕은 인간의 의무에 반하는 것이라고 평가한다.

칸트는 배은, 즉 타인의 친절을 배신하는 일에 대해서도 논한다. 칸트에 따르면, 배은과 망은은 '세상에서 가장 꺼려야 할 악덕'이다. 칸트는 인간이 자기 자신에 대한 의무를 오해하여 이런 악덕이 발생한다고 보았다. 여기서 말하는 오해란 어떤 오해일까? 타인에게 친절을 받으면 그 사람에게 빚진 기분이 들고 그 사람보다 한 단계 낮은 위치에 놓인 것처럼 느껴서 타인의 친절을 피하고 삶의 무거운 짐을 혼자 짊어지려 하는 오해이다.

그런 사람은 타인의 도움을 받는 것을 부끄럽게 느끼므로 타인에게 의지하지 못하고 타인이 내민 손을 매몰차게 뿌리쳐 버린다. 이를테면, 최저한의 생활 수준을 보장하는 행정 서비스가 있어도 서비스 이용을 고집스레 거부하는 사람이 실제로 드물지 않다. 물론 다양한 사정이 있겠지만 만약 그 서비스를 이용하는 것에 열등감을 느끼거나 자존심이 상한다고 느끼는 사람이 있다면, 그 생각이야말로 오해라고 칸트는 말하는 것이다.

이런 오해가 발생하면 타인에게 친절을 받아도 감사를 표할 수 없고 결과적으로 인간성에 상처를 입는다. 게다가 이런 오해는 장래에 타인의 친절을 기대할 수 없게 만들기 때문에 '인간애라는 가치가 전도되어, 사랑의 결여가 사랑하는 사람을 증오하는 힘으로 가치 폄하된다'는 것이다.[24] 이처럼 배은망덕은 사랑을 부정하므로 반드시 꺼려야 할 악덕이라고 칸트는 비판한다.

칸트가 질투, 배은망덕과 함께 인간증오의 악덕으로 꼽는 감정은 샤덴프로이데이다. 제1장에서 보았듯이 샤덴프로이데는 '타인의 불행을 기뻐하는 마음'인데 칸트는 이를 동정과 정반대의 감정으로 보았다. 칸트는 샤덴프로이데를 느끼는 것도 인간의 본성상 자연스러운 일이라 인정하면서도 '사회 전반의 행복을 파괴하는 부도덕한 일을 자신의 기쁨으로 여기고 바라는 마음은 숨겨진 인간증오이며,

우리의 의무인 인간애와는 정반대의 것'[25]이라고 강하게 비판한다.

질투, 배은망덕, 샤덴프로이데. 칸트는 이것들을 인간애에 반하는 악덕, 사회에서 억제되어야 할 악덕으로 보았다.

참고로, 유사한 견해를 보인 스피노자의 《에티카》〈제3부 감정의 기원과 본성에 관하여〉의 한 부분을 살펴보자.

> 질투는 인간으로서 타인의 불행을 기쁨으로, 타인의 행복을 슬픔으로 느끼게 만드는 한 인간에 대한 미움 그 자체이다.[26]

스피노자는 질투를 미움의 일종으로 보고 '동정'의 개념과 대립시킨다. 스피노자에 따르면, 동정은 '타인의 행복을 기뻐하고 타인의 불행을 슬퍼하는 한, 사랑'[27]이다. 칸트와 마찬가지로 스피노자도 넓은 개념에서 질투를 사랑과 대립하는 감정으로 파악하고 있다.

교양인의 질투 - 버나드 맨더빌

네덜란드 출신 정신과 의사이자 사상가인 버나드 맨더빌 Bernard Mandevillem은 이성주의가 우세했던 시기에 인간을 이성보다 감성에 움직이는 존재로서 그려냈다. '개인의 악덕은 교묘한 관리에 의해 전체적 아름다움과 세속적 행복에 도움이 된다'[28]고 표현한 것처럼, 사익을 추구하는 인간이 결과적으로 사회 전체의 이익(공익)을 가져온다고 역설한 인물로 유명하다. 사회를 굴러가게 만드는 것은 이성이나 미덕이 아니라 오히려 (자책, 기만, 사치 따위의) 악덕이며 모두 저마다의 이익을 위해 힘쓰는 것이 결과적으로 사회 전체에 이익을 낳는 일이라고 보았다. 맨더빌의 이런 주장은 당시 주류였던 사고방식과 충돌하며 격한 논쟁을 불러왔다.

그렇다면, 성악설에 가까운 인간관을 가진 맨더빌은 질투를 어떤 식으로 파악했을까? 우선 대표작 《꿀벌의 우화》를 살펴보자. 맨더빌은 질투를 '타인의 행복을 보면서 비탄에 잠기게 만드는 인간 본성의 비열한 속성'이라고 정의한다. 이 자체로는 그다지 특별한 주장이라 할 수 없지만, 인간 본성을 완전히 나쁜 것으로 묘사한다는 점이 맨더빌답다.

맨더빌의 주장에서 주목할 만한 부분은 질투를 한탄과 분노의 복합물로 파악한 점이다. 맨더빌에 따르면, 애초에 인간은 자기 자신만 사랑하며 이웃을 나쁘게 보는 생물이다. 그래서 자신이 원하는 것을 이웃이 가지고 있을 때 우리는 한탄하며 슬퍼한다. 그런 한탄을 위로하는 건 이웃을 향한 분노뿐이다. 맨더빌은 인간이 자신의 슬픔을 완화하기 위해 '분노를 애지중지 길러낸다'면서 질투는 '한탄'과 한탄을 완화하는 '분노'로 구성되어 있다고 말한다.

맨더빌에 따르면, 무지한 대중은 그 정념에 지배되기 쉽고 질투에 사로잡힌 대중은 질투의 대상에게 곧장 다가가 상대를 때려눕히려 한다. 그렇다면, 교양 있는 사람은 이런 정념에 초연할까? 맨더빌은 전혀 아니라고 답한다. 오히려 교양 있는 사람의 질투가 훨씬 음흉하고 험악하게 드러난다며 다음과 같이 묘사한다.

> 남의 재능과 학식을 부러워할 때, 그들의 주된 관심은 오로지 자신의 약점을 숨기는 데 있다. 일반적으로 상대의 좋은 점을 부정하고 얕봄으로써 자신의 약점을 숨기려 한다. 그들은 상대의 저작을 주의 깊게 읽으며 훌륭한 구절이 나올 때마다 불쾌함을 느낀다. 그 안의 실수를 찾아내는 데 혈안이 되어서 커다란 실수를 찾아내는 것보다 그들에게 더한 기쁨은 없다. 비난할 때도, 날카롭고 매섭게 몰아붙이며 사소한 것에 꼬투리를 잡아 과장되게 말하고 아주 작은 결점조차 용서하지 않으며 지극히 하찮은 실수도 엄청난 실책이라고 떠벌린다.[29]

어느 시대에나 이런 트집 잡기는 존재하며 분명 교양인이나 지식인이라 불리는 사람들도 예외는 아니다. 정확히 말하자면 그런 부류의 사람들이 훨씬 지독한 질투심에 괴로워한다. 아마 맨더빌도 자신이 놓인 상황이나 논쟁의 적수를 상정하고 이 구절을 썼을 것이다.

그러나 맨더빌은 질투가 언제나 부정적인 것만은 아니라고 보았다. 화가들 사이에서 질투가 매우 흔한 일이듯, 질투는 한 영역의 진보에 크게 도움이 되기도 한다. 우리는 자기보다 뛰어난 지식이나 기술을 가진 자를 처음에는 숭배하거나 감탄한다. 그러나 자신의 기술이 점차 향상되면 이번에는 상대를 질투하게 되는데 그 질투가 자기 자신을 더욱 발전하게 만드는 연료가 되기도 한다는 것이다(제1장에서 '양성 질투'라고 부른 것과 같은 개념이다).[30] 그리고 드디어 질투자가 질투하는 상대와 동등해지면 이전의 악감정은 잦아들고, 상대에게 정중한 대접을 받기라도 하면 곧바로 사이가 좋아질 수 있다. '생각했던 것보다 괜찮은 녀석이네'라는 생각이 드는 것이다.

이런 정념에 휘둘리지 않으려면 '자신의 진가를 확신하

는 것'이 중요하다.[31] 맨더빌에 따르면, '현명한 자가 다른 사람들만큼 질투하지 않는 이유는 멍청하고 어리석은 자보다 서슴없이 자신을 찬미하기 때문'이다.[32] 바꿔 말하면 자신의 가치를 확신하지 못하는 사람, 이른바 자존감이 낮은 사람은 아무리 성공해도 또는 상대보다 우위에 있어도 끊임없이 질투심에 휘둘릴 수 있다는 뜻이다.

열위자를 향한 질투 – 데이비드 흄

질투는 통상 자신이 가지고 있지 않은 재물이나 지위를 가진 우위의 인물을 향한다는 인식이 있지만, 흥미롭게도 사실 우리는 자신보다 열위에 있는 사람을 보면서도 질투를 느낀다. 제1장에서 이런 감정을 '하향 질투'로 소개하였다. 이번에는 열위자에 대한 질투는 왜 일어나며 이 현상은 사상사에서 어떻게 해석되었는지 알아본다.

영국 철학자 데이비드 흄 David Hume의 날카로운 해석부터 살펴보자. 흄은 질투의 기원에 대해 다음과 같이 말한다.

타인이 누리는 즐거움을 자기 것과 비교하면 자신이
누리는 즐거움의 관념이 줄어든다. 질투는 타인이 현
재 누리는 즐거움 때문에 발생한다.[33]

여기서 흄도 '비교'를 강조한다. 오랫동안 아끼며 사용
한 자신의 자동차가 이웃의 신차와 비교되는 순간 초라하
게 느껴지는 경우이다. 더 나은 대상과의 비교 때문에 질
투자는 자신의 존재가, 자신의 그림자가 희미해진다고 느
낀다. 이것이 질투의 기원이라고 흄은 이야기한다.

흄은 열위자를 향한 질투에도 이와 유사한 도식을 적용
한다. 자기보다 열등한 위치에 있다고 생각하는 사람에게
질투하는 이유는 대체 무엇일까? 흄에 따르면, 우선 일반
적으로 열위자와의 비교는 우위자에게 쾌락과 안심감을
안겨준다. 사람은 타인과의 비교를 통해서만 자신의 우위
를 확인할 수 있다. 그런데 이런 격차가 줄어들면 비교에
따른 쾌락과 안심감이 감소한다. 질투자는 여기에서 불만
을 느낀다. 흄은 이렇게 설명한다.

이런 종류에서는 비교가 두 번 반복됨을 알 수 있다. 자신을 열위자와 비교하는 사람은 이 비교에서 쾌락을 느낀다. 그리고 열위자의 지위가 상승함에 따라 우위자와의 차이가 감소하면 쾌락의 절대량만 줄어드는 것이 아니라, 과거 상황과 새로운 비교가 이루어져 진정한 고통이 발생하는 것이다.[34]

처음에 우위자는 열위자와의 비교에서 쾌락을 얻지만 열위자의 상대적 상승은 우위자의 쾌락을 감소시켜 불쾌함을 유발한다. 엄밀히 말하자면, 우위자의 비교 대상은 열위자가 아니라 지금보다 더 큰 쾌감을 누렸던 과거 자신인 셈이다. 과거 자신과의 비교가 질투자의 불안과 불쾌감을 증폭시킨다.*

● 참고로 베이컨도 동일한 지적을 했다. 베이컨에 따르면, 명문가 사람은 새로운 인물이 출세하면 질투를 느꼈다. 양자의 격차가 달라지기 때문이다. 뒤에서 쫓아오는 사람과 거리가 좁혀지면 자기가 후퇴했다고 착각한다는 것이다.

인간 질투 기원론 - 장 자크 루소

어째서 자꾸만 자신과 타인을 비교하게 될까? 비교만 멈추면 질투 문제는 자연히 해결되지 않을까? 비교를 멈출 수 있다면, 자신의 확고한 가치관에 따라 자기 자신다운 인생을 살아가고 타인과 비교하며 의기소침해지는 일도 사라질 것이다.

실제로 질투를 논하는 다수의 책에서 이런 삶의 방식을 권한다. '당신은 유일무이한 존재이니 타인을 신경 쓰지 말고 당신 뜻대로 당신답게 살아가면 된다'라는 식이다. 그러나 안타깝게도 세상사, 사람 마음이라는 게 뜻대로 되지 않는다.

누구나 알고 있듯이 타인과 비교하지 않으며 살아가기란 쉽지 않다. 사람은 외모, 신체 능력, 학업 성적 등 타인과의 비교 안에서 자신의 위치를 확인하는 존재이다. 특히 최근에는 목표 달성률, 순위, 소셜미디어의 좋아요 수, 영상 재생 수와 팔로워 수 등 온갖 것들이 수치화된다. 시스템 자체가 경쟁심을 부채질하도록 설계되어 있다. 현대 사회는 질투심이 번식하기에 더없이 좋은 장소이다.

애초에 사람은 왜 타인과 비교하지 않고는 살아가지 못할까? 이 문제의 답을 찾는 데 있어 장 자크 루소는 훌륭한 안내자 역할을 한다.

루소의 대표작 《인간 불평등 기원론》은 읽을수록 심오한 책이다. 이 책에서 루소는 왜 인간이 안정적인 낙원 같은 자연 상태를 굳이 벗어나 문명 상태로 이동했는지 그리고 어떻게 사회에 불평등이 태어났는지 고찰한다. 불평등의 기원을 논하면서 루소는 '자존심amour-propre'에 대해 언급한다. 루소에게 자존심이란, 타인과의 비교 안에서 자신을 편애하도록 요구하는 상대적인 감정이며 자연 상태의 인간이 애초에는 가지고 있지 않았던, 굳이 따지자면 열등한 감정이다. 흔히 '자존심을 지켜라'라고 말하지만 루소는 타인과의 비교에 근거한 자존심을 전혀 높이 평가하지 않는다. 오히려 자존심이 불행의 근원인 양 철저하게 비판한다.

그런데 인간에게 왜 이런 '자존심'이 생겨났을까? 루소에 따르면, 자연 상태에서 숲을 헤매던 사람들이 한곳에 정착하고 무리를 만들기 시작하면서 커뮤니티가 생기고 사람들 사이에 비교를 촉진하였다. 사람들이 점차 비교하는 일에 익숙해지자 여기서 자존심이 탄생했다. 루소는 유대를 강화한 사람들에 대해 다음과 같이 서술한다.

> 타인에게 주목하고 자신도 주목받고 싶다고 생각하기 시작하면서 공적 존경을 받는 일이 하나의 가치를 띠게 되었다. 노래를 가장 잘 부르는 자, 춤을 가장 잘 추는 자, 외모가 가장 아름다운 자, 힘이 가장 센 자, 손재주가 가장 좋은 자, 말주변이 가장 좋은 자가 존중받게 되었다. 이것이 불평등 그리고 악덕을 향한 첫

걸음이었다. 이 최초의 선호選好에서 한편으로는 허영과 경멸이, 또 한편으로는 수치와 질투가 생겨났다.[35]

이런 식으로 싹튼 자존심은 원래 자연 상태에는 존재하지 않던 것이다. 자연 상태에서 사람들은 타인과 비교하지 않고 충분히 풍요로운 생활을 누렸기 때문이다.

자연 상태에서 사람들은 자존심이 아니라 '자기애amour de soi-meme'를 가지고 있었다. 이 구별은 매우 결정적이다. 자기애라 하면 자칫 이기적인 것, 바람직하지 않은 것이라는 이미지를 떠올릴 수도 있지만, 루소는 인간의 자연스러운 감정으로서 자기애를 높이 평가한다. 루소에 따르면, 자기애에서 인간애와 미덕이 발생하므로 자기애는 바람직하지만 자존심은 타인과의 비교를 가르치고 불행을 불러올 뿐이다.

자존심과 자기애를 혼동해서는 안 된다. 이 두 가지 정념은 그 성질부터 효용까지 완전히 다르다. 자기애는 모든 동물을 자기보존에 힘쓰게 하는 자연적 감정

이다. 자기애는 인간이 이성을 따르도록 유도하고, 동
정심에 의해 변형되어 인간애와 미덕을 불러일으킨다.
자존심은 사회 안에서 생겨난 상대적, 인위적 감정에
지나지 않는다. 자존심은 그 어떤 타인보다 자신을 가
장 존중하게 하여 사람들 사이에서 행해지는 모든 악
을 만들어내는 동시에 명예의 진정한 원천이다.[36]

루소는 비교와 질투의 기원을 그려내며 자존심이 안락
한 생활을 하는 자연인에게 비극을 가져왔다고 말한다. 그
렇다면 '인간 불평등 기원론'은 '인간 질투 기원론'이나 다
름없다. 질투는 사회와 함께 태어났다.

질투의 팀플레이 - 쇼펜하우어

더욱 현대에 가까운 이야기로 독일 철학자 쇼펜하우어의 논고를 살펴보고자 한다. 쇼펜하우어는 〈판단, 비평, 갈채와 명성에 관하여〉에서 질투를 '모든 영역의 각 걸출한 인물에 대해 평범한 자들이 암묵적으로 굳게 합심하여 곳곳에서 활개 치는 대중의 동맹'[37]이라고 설명한다. 쇼펜하우어에 따르면, 질투는 뛰어난 인물의 명성과 성공을 가로막으려 하는 평범한 자들의 조직적 억압이다. 이때 평범한 자들이 사용하는 수단은 익명으로 대수롭지 않은 일에 꼬투리를 잡거나 공적에 대해서 침묵하는 일(질투의 침묵)이라고 쇼펜하우어는 설명한다.

쇼펜하우어의 말대로 질투는 종종 '팀플레이'로 나타난다. 새로운 재능에 대한 자기보신적 묵살은 정도의 차이만 있을 뿐 어느 업계나 흔하다(물론 학계도 예외는 아니다!). 이런 식의 팀플레이는 오래된 것이 새로운 것에 밀려날 수도 있다는 불안에서 비롯된 조직적 방어로 이해할 수 있다.

경쟁과 질투 – 프리드리히 니체

제1장에 이어 다시 한번 니체의 사유를 참고하고자 한다. 니체는 〈호메로스의 경쟁〉이라는 짧은 고찰 안에서 그리스인들은 우리와 전혀 다른 방식으로 질투를 바라봤다고 설명한다.

　우선, 그리스인은 '경쟁'에 특별한 가치를 부여했다. 이를테면, 잘 알려져 있듯이 도편추방은 (적어도 공식적으로는) 카리스마를 가진 천재가 등장하여 참주가 됨으로써 그리스인 사이에 경쟁이 사라질 것을 저지하기 위해서였다. 그리스인에게는 '행동으로 서로를 몰아붙이며 상호 절도

를 지키고 소수의 천재가 늘 존재하는 것이 사물의 자연스러운 질서'였다.[38]

니체에 따르면, 그리스인은 경쟁을 동반하지 않는 명성이나 경쟁을 종식하는 행운을 견디지 못했다.[39] 그만큼 그리스인에게 경쟁은 불가결한 것이었다. 상대를 제압해야 영광과 명성을 손에 넣을 수 있다는 과시적 이유 때문만이 아니라, 정당한 경쟁이 있기에 대립의 틀이 잡히고 적대감이 과격해지는 것을 막을 수 있었기 때문이다. 이른바 대립의 제도화이다. '그리스인의 생활에서 경쟁을 빼버리면 호메로스 이전의 심연, 즉 증오와 섬멸의 욕망 같은 야만성의 심연을 들여다보게 될 것'이라고 니체는 말한다.[40] 그리스인에게 질투는 꺼림칙한 감정이 아니라 경쟁을 활성화하는 존재였다.

니체의 이런 통찰은 질투 같은 악감정이 역설적으로 공동체 유지에 없어서는 안되는 역할을 했음을 시사한다.

'비(非) 질투 정치'의 가능성 -
마사 누스바움

현대 정치학에서 질투심을 정면에서 다룬 몇 안 되는 인물 중 하나로 마사 누스바움Martha Nussbaum이 있다. 누스바움은 역량 접근법capabilities approach에 의해 존 롤스의 정의론을 비판적으로 계승한 인물로 유명하다. 2016년에는 교토상 (1984년 일본 이나모리 재단이 시작한 국제상으로 과학, 기술, 문화 분야에서 현저한 공적이 있는 사람에게 수여한다. - 옮긴이)을 수상하여 일본에서도 꽤 알려진 정치학자이다.

누스바움은 사람들의 질투심이 민주사회에 위협이 된다고 평한다. 봉건사회와 절대 군주제 아래서는 사람들의 신분과 미래가 어느 정도 제한되므로 질투도 그리 크지 않았다. 질투가 진정한 위력을 발휘하기 시작한 건 민주사회에서 가동성mobility이 높아지며 경쟁의 범위가 넓어지면서였다. 누스바움은 '설령 원인이 정당하다 해도 질투는 문제'라며 이 감정이 민주사회를 위기에 빠뜨리는 존재라고 분명하게 인식하였다.[41]

이런 관점에서 보자면 확실히 과도한 경제적 격차의 시정을 요구하는 좌파의 호소에는 귀 기울일 필요가 있더라도 그 주장과 지배 집단의 불행을 바라는 일은 별개의 문제이다. 질투에 근거한 방식으로는 문제를 해결할 수 없다. 누스바움에 따르면, 질투는 사회 중심에 증오와 긴장을 빚어내고 사회가 여러 가지 목표를 달성하지 못하도록 방해한다.[42]

누스바움의 질투론에서 가장 큰 특징은 질투를 '공포fear'와 결부하여 고찰한다는 점이다. 누스바움이 말하는 공포란 '반드시 갖고 있어야 할 것을 가지고 있지 않다는 공포'이다. 누스바움은 이런 불안과 무력감이 타인과의 제로섬 경쟁으로 우리를 몰아넣는다고 말한다.

그렇다면 민주사회에서 우리는 질투라는 감정을 어떤 식으로 다뤄야 할까? 누스바움의 답은 '비 질투 정치politics of non-envy'이다. 비 질투 정치란 고결하면서도 현실적인 해결책을 탐구하는 정치를 의미한다.

누스바움은 프랭클린 루스벨트 Franklin Roosevelt를 인용하면서 '비 질투 정치'의 가능성을 찾는다. 당시 미국은 대공황에 빠져 사람들은 공포와 불안에 휩싸여 있었다. 그런 상황에서 루스벨트는 뉴딜 정책을 펼치며 대공황의 공포 그 자체를 두려워해야 한다고 역설하고 기본적인 사회보장체제(연방예금보험, 독점규제법, 실업보험, 사회보장, 의료보험)를 정비한 일은 매우 잘 알려져 있다.

누스바움은 루스벨트의 이런 정책에서 질투를 억제하는 힌트를 얻었다. 사람들의 권리를 보장하는 것만이 질투로부터 민주주의를 지키는 방법이라는 것이다. 누스바움에 따르면, 모든 인간이 권리로서 가지고 있는 것에 대해서는 질투를 느끼지 않으므로 중요한 경제적 재화의 일부를 권리의 카테고리로 이동시킴으로써 질투는 어느 정도 약해진다.[43]

예를 들면, 교육받을 권리가 보장된 사회에서는 그 권리를 특권으로 여기며 질투하는 사람이 없듯이 만인에게 권리로서 승인된 것에는 질투를 느끼지 않는다. 최저임금제를 떠올리면 이해하기가 쉬울 것이다.

다양한 기본 재화를 탈 상품화하고 만인에게 권리로서 보장하면 적어도 그 범위 안에서는 질투의 악영향을 피할 수 있을 것이라고 누스바움은 제안한다.

누스바움의 의론은 확실히 의미 있는 견해이다. 누스바움의 주장대로 누구나 공포를 품지 않아도 되는 사회를 실현할 수만 있다면 질투는 어느 정도 억압될 수 있을 것이다.

그러나 이런 해석이 지나친 이상주의라는 점은 차치하더라도, 권리보장은 질투의 문제를 근본적으로 해결하지 못한다. 오히려 문제를 미룰 뿐이다. 제4장에서 자세히 다루겠지만, 어떤 영역에서 평등이 이루어졌다고 해도 질투자는 만족하지 못하고 질투심은 다른 영역으로 옮겨가 변함없이 민주주의를 불안정하게 만든다.

질투에서 완전히 해방된 사회가 존재할 수 없다면 애초에 질투를 퇴치하려는 시도 자체가 잘못이다. 문제는 불평등이나 격차의 정도가 아니므로 그것을 완화함으로써 질투를 해소하려는 시도는 헛수고로 끝나고 만다. 질투를 졸속하게 해소하려는 시도가 오히려 상황을 악화시킬 가능성이 크다. 그렇다면 우리는 질투라는 감정의 양면성에 착안하여 이것을 어떻게든 잘 길들여 함께 살아가는 수밖에 없다.

진정한 악덕 – 후쿠자와 유키치

지금까지는 서양 사상가를 중심으로 질투의 사상사를 개괄하였다. 이번에는 일본 사상가에게 눈을 돌려, 후쿠자와 유키치福澤諭吉와 미키 기요시가 말하는 질투를 살펴보자.

후쿠자와는 '질투envy'를 일본어로 '원망怨望'이라 옮기며 이 감정을 강하게 비판한다(원망은 영어 'envy'의 미묘한 뉘앙스를 살린 뛰어난 번역이라고 생각한다). 후쿠자와의 원망론은 《학문을 권함》 13편 〈원망이 인간에게 해로움을 논하다〉에서 찾아볼 수 있다.

후쿠자와는 언뜻 부덕해 보이는 것에서도 그 강도와 방

향에 따라서는 덕이 된다고 설명한다. 예를 들어, 인색함이란 일반적으로 옹졸함을 의미하지만 계획적으로 돈을 모으는 것 자체는 전혀 문제가 되지 않으며 때에 따라서는 검소하다고 평가될 수 있다.

사치 또한 그 자체로는 쾌적한 생활을 바라는 인간의 본성을 충족시키는 미덕이라고도 할 수 있다. 그러나 인색함이든 사치든 지나치게 부적절하면 악덕이 된다. 이처럼 어떤 것에도 양면성이 있어서 일견 악덕 같아 보이는 것도 시의적절하면 미덕이 될 수 있다.

그러나 원망(질투)만큼은 이 양면성의 법칙을 따르지 않는다. 후쿠자와에 따르면, 인간은 다양한 부덕을 저지르는 존재이나 원망만큼 해로운 것은 없으며 그것은 진정한 악덕, 수많은 악의 어머니, 인간의 최대 재앙이다. 후쿠자와는 원망을 철저히 비판한다.

한 가지, 그 성질 자체가 완전히 부덕으로 치우쳐서 장소와 방향도 가리지 않고 악하디악한 것이 원망이다. 원망이 음험한 이유는, 나서서 취하지 않고 타인의 모습을 보며 불평을 품고 자신을 돌보지는 않고 타인에게 많은 것을 바라는 데 있다. 그 불평을 달래는 방법은 자신이 이익을 얻는 것이 아니라 타인이 손해 보는 것이다.[44]

후쿠자와는 왜 이토록 원망을 비난할까? 이 감정이 타인을 해할 뿐만 아니라 '세상 전반의 행복을 해친다'고 생각했기 때문이다. 후쿠자와는 이런 감정이 무엇보다 공익에 반한다고 강조한다. 서양 문명과 절충하면서도 일본의 사상적 독립 자존을 견인한 후쿠자와는 이런 불안정한 요소를 배제하는 것을 매우 중요한 과제로 여겼다.

후쿠자와의 원망론에 대해 일본 정치사상 연구자인 가루베 다다시는 '〈학문을 권함〉 전체 17편 중 하나의 대상을 처음부터 끝까지 철저하게 비판한 내용은 드물다. 그런 항목은 13편이 유일하다고 봐도 좋을 정도'라고 서술한다.[45] 원망을 바라보는 후쿠자와의 견해는 지극히 부정적이다. 이로써 질투가 개인뿐만 아니라 사회 전체에도 바람직하지 못한 존재로 여겨져 왔음을 짐작할 수 있다.

질투는 평균을 목표한다 – 미키 기요시

미키 기요시는 〈질투에 관해〉라는 짧은 논고에 함축적 고찰을 남겼다. 많은 철학자와 마찬가지로 미키도 '질투는 교활하게 어둠 속에서 선한 것을 해치는 방향으로 움직인다'며 '악마에게 가장 어울리는 속성'이라고 평한다.[46]

미키의 질투론에서 가장 특징적인 부분은 토마스 아퀴나스처럼 질투를 사랑과 대비시켜 질투의 특징을 도드라지게 만든다는 점이다. 사랑은 순수하고 질투는 언제나 음흉하므로 양자는 정반대의 성질을 지닌 듯하지만, 자세히 들여다보면 양극단 같은 두 가지 감정의 유사점이 부상한다.

이를테면, 사랑과 질투는 둘 다 전략적이고 지속적인 감정이라 그 어떤 감정보다 인간을 괴롭힌다. 두 감정은 술책을 동반하여 오래가도록 인간의 정신을 헤집어 놓는다. 게다가 감정의 강도가 상상력에 기반을 둔다는 점에서도 두 감정은 유사하다.

미키는 이 두 감정이 종종 뒤섞여 있다는 점에 주목한다. 미키에 따르면, 사랑은 질투가 섞여 더욱 계략적으로 바뀌며 질투에 상상력이 동원되는 것은 사랑이 섞여 있기 때문이다. 미키는 '질투의 밑바닥에 사랑이 없고, 사랑 안에 악마가 없다고 누가 말할 수 있을까'라고 표현한다.

또 질투 상대는 주로 자기보다 높은 위치에 있는 자, 자기보다 행복한 상태에 있는 자이지만 그 차이는 절대적이지 않으며 손이 닿을 법한 상대여야 한다. 그러나 질투자는 상대가 있는 위치로 자기가 올라가려고는 하지 않고 오히려 '본질적으로 평균을 향한다'고 미키는 설명한다.

질투는 신 앞에서 모든 인간이 평등함을 모르는 자가 인간 세계에서 평균화를 원하는 경향이다.[47]

질투는 평균을 웃도는 것을 끌어내리려 하지만, 사랑은 다르다. 사랑은 언제나 더 높은 곳을 동경하기 때문이다.

특수한 것, 개성 있는 것은 질투의 대상이 되지 않는다고 미키는 지적한다. 질투는 질적인 차이가 아니라 양적인 차이에 집중하여 발생하는데 이 또한 사랑과 다르다. 사랑이 대상의 특이성을 향하는 데 반해, 질투는 온갖 차이를 양적인 것으로 환원해 버린다.

> 질투는 타인을 개성으로 인정하거나 자신을 개성으로 이해하지 못한다. 사람은 일반적인 것에 질투를 느낀다. 그러나 사랑의 대상은 특수한 것, 개성적인 것이다.[48]

애초에 대상의 대체 불가능함을 논하는 가치관은 질투자와 거리가 멀다. 질투자는 끊임없이 상대가 자기보다 많이 혹은 적게 가졌는지 눈을 번득이며 주시할 뿐이다.

미키에 따르면, 질투는 공적인 것을 모른다. 자칫 혼동하기 쉬운 공명심, 경쟁심과 질투의 차이점이 바로 여기에 있다. 질투가 모든 공적인 일을 사적인 일로 해석하게 만든다고 미키는 비판한다.

이번 장에서는 서양 사상가를 중심으로 질투론의 계보를 개관하였다. 분명 미국, 아시아, 이슬람권, 아프리카에서도 다양한 질투론을 찾을 수 있겠지만, 현재로서는 이 정도의 의론으로 우선 만족하고 이제 조금 다른 각도에서 질투라는 감정을 다뤄보고자 한다. 다음 장에서는 질투와 정반대라고도 볼 수 있는 과시와 자만에 대해 알아본다.

民主社会に渦巻く
情念を解剖する

제3장

과시 혹은
자랑에 대해서

때와 장소를 가리지 않는 자만은
광기와 다름없다.

– 핀다로스 Pindaros 《올림피아 축승가》[1]

불쾌한 자랑

타인의 자랑만큼 불쾌한 것이 또 있을까? 자신의 성공과 업적을 과시하는 사람이 주변에 한둘은 있을 것이다. 한걸음 떨어져서 소셜미디어를 바라보면 끝없이 펼쳐지는 과시 경쟁이 장관이다. 일상적으로 자기 어필에 힘쓰는 사람, 은근슬쩍 사치를 보여주는 사람, 사진을 편집하여 과장된 현실로 사람들의 관심을 끌려는 사람 그 유형도 가지각색이다. 어쨌거나 현대 사회에는 크고 작은 과시와 자만이 넘쳐난다.

사람은 왜 무언가를 자랑하고 싶어 할까? 이에 대해서

는 인정 욕구나 자신감 결여의 표출 등 다양한 설명이 있을 것이다. 여기서 흥미로운 부분은, 인정에 대한 끝없는 욕구가 과시와 자만으로는 해결되지 않는다는 점이다. 마치 갈증을 해소하려고 바닷물을 들이켜는 것처럼 인간은 과시하면 할수록 타인의 인정을 갈망하게 된다.

르네 지라르 '욕망의 삼각형'

이 현상을 이해하기 위해서는 욕망의 구조를 살펴볼 필요가 있다. 프랑스 철학자 르네 지라르Rene Girard는 욕망에 모방적 성격이 있다, 즉 인간의 욕망에 타자의 존재가 불가결하다고 설명한다. 지라르는 욕망의 성립을 '삼각형 이론'으로 표현한다.

> 관찰한 바에 따르면, 일체의 욕망 안에는 대상과 주체만 있는 것이 아니다. 제삼자, 자신이 상대적으로 우월성을 가질 가능성이 있었다고 믿는 경쟁상대가 욕망 안에 존재한다. (……) 주체는 경쟁자가 그것을 욕망하기 때문에 그 대상을 욕망하는 것이다. 경쟁상

대가 무언가의 대상을 욕망함으로써 주체는 그 대상을 바람직한 것으로 인식한다.[2]

지라르에 따르면, 우리의 욕망은 자발적인 것도 아니고 대상에 근거한 것도 아니다. 오로지 그 대상을 욕망하는 또는 소유하고 있는 제삼자의 존재에 기초한다. 다시 말해, 이웃이 그것을 갖고 싶어 하니까 나도 갖고 싶은 것이다. 여기서 포인트는 어떤 대상에 대한 욕망보다 타인을 향한 질투가 앞서 나타난다는 점이다. 즉, 타자의 존재가 대상에의 욕망에 선행하고 대상에 대한 욕망을 규정한다.[3]

이 상황에서 질투자의 시선 끝에는 자신의 성공과 부를 보란 듯이 과시하는 사람이 있다(이하 과시자로 칭한다). 이 욕망의 삼각형을 과시자의 시점에서 바라보면 어떨까? 과시의 욕망은 단순히 재물을 누리는 것으로는 만족이 되지 않는다. 재물과 우위성을 타인에게 보여주고 질투를 받아야 비로소 욕망이 채워진다. 바꿔 말하면, 욕망이 채워지려면 사물만이 아니라 사물을 소유한 자신의 모습을 부러워하며 바라봐 주는 제삼자의 존재가 필요한 것이다.

슬라보예 지젝Slavoj Zizek이 제시하는 저급 유머가 욕망의 이런 성질을 훌륭하게 꿰뚫는다. 내용인즉슨, 가난한 시골 남성이 탄 배가 난파되어 무인도에 닿았는데 생존자가 슈퍼모델 신디 크로퍼드와 그 남성밖에 없었다. 이내 두 사람은 관계를 갖게 되고 여자가 남자에게 만족스러웠느냐고 묻는다. 남자는 훌륭했다고 대답하면서 '당신이 작은 부탁을 들어준다면 더욱 완벽해질 것'이라고 덧붙인다. 남자의 부탁은 이러하다.

여성에게 바지를 입고 얼굴에 수염을 그린 다음 자신의 친구 역할을 연기해달라고 부탁한 것이다. "오해하지 마. 나는 변태가 아니야. 당신이 부탁을 들어준다면 금방 이해하게 될 거야." 그녀가 남장을 하고 나타나자 남자는 그녀에게 다가가 옆구리를 쿡쿡 찌르며 남사들끼리 비밀을 공유할 때 보이는 특유의 눈짓을 하며 이렇게 말한다. "이봐, 무슨 일이 있었는지 알아? 나, 신디 크로퍼드랑 잤다!"[4]

이 이야기는 제삼자의 시선 없이는 우리의 욕망이 완결되지 않음을 보여준다. 타인에게 자신의 행복과 성공을 과시하고 타인의 질투를 불러일으킬 때 욕망은 비로소 채워진다. 욕망에는 타자의 존재가 불가결하다.

과시와 자랑에 대한 고찰

이번 장에서는 질투와 밀접하게 연결된 과시라는 현상에 대해 고찰해 보고자 한다. 질투자와 과시자는 언뜻 대립하고 있는 듯 보이지만, 사실 서로에게 의존한다는 점에서 양자는 공범 관계와 같다. 무엇보다, 과시나 자랑은 인류의 역사만큼이나 오래된 것이므로 이번 장의 고찰 대상도 매우 넓은 범위를 아우를 수밖에 없지만 과시가 시대와 함께 어떤 식으로 변화해 왔는지 그려봄으로써 그 현상의 한쪽을 파악할 수 있을 것이다.

이번 장에서는 특히 다음과 같은 부분에 주목한다. 과거에는 불특정다수를 대상으로 하는 과시가 특권계층에 한했으며 과시하는 방식에도 일정 작법과 절도가 있었다. 그러나 과시가 만인에게 개방되자 그 방식에 변화가 찾아

왔다. 과시가 세상 곳곳에서 만연하는, 이른바 '과시의 민주화'가 일어난 상황에서 과시는 그 어느 때보다 힘을 잃었다. 대체 왜 이런 현상이 발생하는 것일까? 이번 장은 우리와 몹시도 친숙한 과시라는 현상을 힌트 삼아, 현대를 고찰하는 '인정 욕구에 관한 논고'이기도 하다.

질투 받지 않으면서
자신을 칭찬하는 방법

왜 타인의 자랑을 들으면 불쾌해질까? 새삼스러운 의문일지도 모르지만, 여기서는 제정 로마 시대 역사가 플루타르코스의 '질투를 받지 않지 않으면서 자신을 칭찬하는 방법'에 대한 논고를 살펴보고자 한다. 플루타르코스는 자신을 스스로 칭찬하는 것은 수치를 모르는 일이며 타인에게 칭찬을 받을 때도 부끄러워해야 한다고 강조한다. 무릇 칭찬이란 타인으로부터 받는 것으로, 자화자찬은 옳지 않으며 양심에 반하는 일이기 때문에 남의 자화자찬을 들을 때 괴로움을 느끼게 된다는 것이다.

그뿐만 아니라, 상대의 자화자찬은 듣는 사람까지 그것에 거들도록 강요하므로 불쾌함을 유발한다고 플루타르코스는 지적한다. 상대의 자화자찬을 잠자코 듣기만 하면 상대는 듣는 이가 질투한다고 의심할 가능성이 있다. 그런 혐의를 벗어나기 위해서는 어쩔 수 없이 상대의 말에 가담하지 않을 수 없으나 이런 행위는 '경의에 따른 것이 아니라 그저 비위를 맞추는, 노예적 행위'라고 플루타르코스는 신랄하게 평가한다. 현대인도 고개를 절로 끄덕일 만한 통찰이다.

자랑을 피하는 방법

한편, 듣는 사람이 불쾌감을 느끼지 않는 자랑도 있다. 때로는 어쩔 수 없이 과시가 필요한 상황도 있다. 플루타르코스는 구체적인 예로, 중상모략이나 부당한 고발에 대해 변명할 때나 불운에 휩쓸렸을 때, 부정한 일을 당한 정치가를 들고 있다. 허영심에서 비롯되는 과시가 아니라, 불리한 입장을 강요받을 때의 변명을 위해서라면 과시도 대중에게 불쾌감을 안겨주지 않는다.

본래 '자신에 대해 말하기'는 변론술의 한 주제였다. 청중에게 기분 나쁘게 들리지 않도록 자신의 업적을 논하는 작법이 지극히 중요하게 여겨졌다. 한 예로, 플루타르코스는 질투를 부르지 않는 기술로서 데모스테네스Demosthenes의 연설을 높이 평가한다. 플루타르코스에 따르면 데모스테네스는 자기 자신에 대해 말할 때 청중을 향한 찬양을 교묘하게 섞음으로써 질투가 생기지 않도록 주의하고 이기적으로 들리지 않게 한다.[5]

또 플루타르코스는 자신과 유사하거나 유사한 수준의 업적을 가진 타인을 거듭 칭찬함으로써 자연스럽게 자신을 칭찬하도록 유도하는 방법도 효과적이라고 설명한다.

자기 자랑이 얼마나 꼴불견인지 알면서도 우리는 종종 그 달콤한 유혹에 빠져버린다. '자랑은 대부분 자기애에서 비롯되므로 명성에 관해서 절도를 아는 자라도 자기 자랑의 덫에 걸리고 만다.'[6]

대체 어떻게 해야 부적절한 자기 자랑에서 벗어날 수 있을까? 플루타르코스는 전염병이 돌 때 사람이 많이 모이는 장소를 피하듯이 위험한 장소를 피하라고 조언한다.

플루타르코스에 따르면, 온갖 구실을 동원하여 자기 자랑으로 빠져들게 하는 특정 기회나 화제가 존재하므로 그런 장소를 피하는 것이 현명하다. 그 예로 타인이 칭찬받는 자리, 대단한 지도자나 저명인사와의 연회 후 귀갓길, 타인을 질책하거나 몰아세우는 상황 등을 들고 있다. 플루타르코스는 '자기 자신이나 청자에게 무언가 큰 이익을 불러오는 경우(예를 들어 청자를 격려하거나 자극하는 자기 자랑)가 아니라면, 자기 자랑은 삼가라'고 권한다.

선물을 동반하는 과시

때와 장소를 가리지 않는 과시는 볼썽사납다. 다만, 적절한 상황에서 절도를 유지하는 과시라면 이야기가 다르다. 정치사상 분야에서도 유명한 니체와 아렌트는, 고대 그리스인이 '뛰어남'에 대해 보여준 열정은 이런 맥락에서 하나의 덕목으로 이해했다.

그밖에, 선물을 동반하는 과시도 사람들에게 받아들여지기 쉬운데 여기서는 이와 상통하는 '부의 낭비'에 대해 알아보고자 한다. 여행지에서 사 온 작은 기념품이라면 센스 있는 선물로 여겨질 수 있으나 너무 고가의 선물은 오히려 위압적으로 느껴진다. 포틀래치potlatch(서로 더 좋은 것을 선물하며 응수를 되풀이하는 북아메리카 인디언 풍습 - 옮긴이)가 좋은 예이다. 낭비는 분수에 맞으면 미덕이 되지만, 지나치면 위력을 과시하는 악덕이 된다. 이때 미덕과 악덕의 경계는 매우 모호하며 언제나 미덕의 옆에는 악덕이 함께 있다고 해도 과언이 아니다.

'통 큰 사람'과 '통 작은 사람' – 아리스토텔레스

아리스토텔레스는 이런 절묘의 덕을 '도량의 크기', 메갈로프레페이아_{megaloprepeia}라 칭한다. 아리스토텔레스는 이렇게 말한다.

> 지출에는 고귀한 지출이라 부르는 종류가 있다. 예를 들면, 헌금이나 신전에 올리는 공물 등 신과 관련된 지출, 온갖 제사와 관련된 지출뿐만 아니라 비극의 합창대나 트리에레스(3단으로 노가 달린 배 – 옮긴이) 또는 폴리스 전체 연회 등을 반드시 성대하게 치러야

하여 수단을 강구할 때처럼 공공을 위해 명망가에게 요구되는 지출이야말로 통 큰 사람이 나설 때이다.[7]•

아리스토텔레스는 이런 소비에서 정도가 지나친 사람을 '허세 부리는 자'라 부르며 허세 부리는 자는 사소한 식사조차 결혼식인 양 대접하고 '작은 지출 대상에 과하게 소비함으로써 엉뚱하게 과시한다'고 평한다.

반대로, 적절한 때에 지출을 하지 않는 인색한 자는 어떠할까? 아리스토텔레스는 이런 '통 작은 사람'에 대해 '만사에 부족하게 지출하고 최대한 소비할 때조차 액수는 작으므로 아름다움을 해치며 (……) 어떻게 하면 지출을 줄일지 궁리를 거듭한 끝에 내놓고도 그것에 아까워하고 스스로는 언제나 필요 이상으로 지출했다고 믿는다'고 비판한다.[8]

• 더 나아가 〈대도덕학(Magna Moralia)〉(《아리스토텔레스 전집16(アリストテレス全集16》, 岩波書店, 2016年)에서 〈호탕함에 관하여(豪気について)〉도 함께 참조하기 바란다.

위신을 위한 소비

현대인에게도 짚이는 구석이 없지는 않으나, 과거에는 상황에 따라 인색함이 치명적으로 작용했다. 예를 들어, 전근대적 궁정 사회에서 지배적이던 '지위를 위해 소비를 서슴지 않는 성향', '위신을 위한 소비'에 대해 노르베르트 엘리아스Norbert Elias의 통찰을 참고할 수 있다. 궁정 사회에서는 지위에 걸맞은 모습을 보이지 않으면 사회적 존엄을 잃고 소속된 지위 집단 내의 교제에서 배제되며 실질적 몰락을 초래했다고 한다.

엘리아스는 이와 관련하여 프랑스 귀족이자 정치가였던 리슐리외 공작Richelieu의 일화를 소개한다. 리슐리외 공작은 귀족에게 걸맞은 소비 행태를 알려주고자 아들에게 돈이 든 지갑을 건넸는데 아들이 돈을 쓰지 않고 그대로 가져오자 리슐리외 공작이 그 지갑을 창문 밖으로 내던졌다는 이야기이다. 엘리아스는 '이것이야말로 사회 전통에 의한 사회화이며, 인심 좋게 흔쾌히 소비한다는 위계상 의무가 개인의 마음에 새겨져 있다'는 뜻이라고 분석한다.[9]

부의 화려한 낭비

프랑스 역사학자 마르크 블로크Marc Bloch에 따르면, 중세 기사가 농민에게 부과한 가혹한 세금은 어떤 조건을 갖추면 비난의 대상이 되지 않았다. 그 조건이란, '기사가 얻는 이득이 곧바로 아깝지 않게 흩어져 버리는 것'이었다. 아낌없이 낭비하는 일이 하나의 덕으로 인식된 것이다. 블로크는 중세 리무쟁 지역에 있던 '낭비의 기묘한 경쟁'에 대해 다음과 같이 보고한다.

한 기사는 경작된 밭에 소액의 은화를 뿌려놓고, 또

다른 기사는 요리할 때 양초를 태웠다. 세 번째 기사는 호탕한 기질par jactance로 말 서른 필을 산 채로 불태우라고 명령했다. 이런 호방함으로 위세를 경쟁하는 일(……)에 대해 상인들은 어떻게 생각했을까?[10]

지금 우리 눈에는 이런 부의 파괴가 합리적인 것으로 보이진 않지만, 당시 인심을 쓰거나 부를 화려하게 낭비하는 일은 자신의 평판을 지키고 유지하는 데 필수적이었다.

사치에 대해서

사치 또한 과시와는 떼어놓을 수 없는 존재이다. 서양에서 사치가 어떤 형상으로 나타났는지 사회학자 마이크 페더스톤Mike Featherstone의 논고에서 힌트를 찾아보려 한다.

'사치luxury'라는 말은 라틴어의 두 명사에서 유래한다. 관능, 화려한 아름다움, 화사함을 의미하는 'luxus'와 방종, 부절제, 낭비를 의미하는 'luxuria'가 합쳐져서 만들어졌다.[11] 이처럼 이 용어에는 그 자체가 바람직한 것이라 해도 도가 지나치면 악덕이 된다는 사치의 양면적 특징이 잘 드러난다. 실제로 고대 그리스나 로마의 현인들은 사치가 곧잘 두 번째 의미로 전락한다고 생각했다.

기독교에서 철저하게 사치를 적대시했음을 말할 필요도 없다. 기독교에서 보는 사치란, 악마의 유혹일 뿐인 중대 죄이며 때로는 육체적 욕망과 물질적 소유의 욕망이었다. 궁정 사회와 귀족도 사치품이 민중에게 확대되는 것을 꺼려 사치 금지령을 내리기도 했다. 사치는 타락과 방종으로 여겨지며 종종 규제의 대상이 되었다. 시대마다 사치가 상징하는 바는 다를 수 있으나 적어도 서양에서 사치는 18세기 이전의 역사 대부분에서 위험한 것, 도덕과 사회 질서를 해치는 것으로 그려졌다.

사치 논쟁

그러나 18세기에 들어 사치는 새로운 의미를 얻기 시작했다. 이 시기 영국과 프랑스에서 사치의 시비를 둘러싸고 이른바 '사치 논쟁'에 불이 붙었다. 논쟁의 불씨를 지핀 프랑수아 드 페늘롱 Francois de Fenelon의 《텔레마코스의 모험》은 당시 베스트셀러이자 사치를 강도 높게 비판한 책으로

알려져 있다.[12]

사치 논쟁에서 우리는 네덜란드 출신 정신과 의사 버나드 맨더빌의 주장에 주목하고자 한다. 맨더빌은 도덕가 샤프츠베리Shaftesbury를 비판하면서 사치 옹호론을 펼쳐 사치 논쟁의 중심인물이 되었다. 그때까지 사치는 오로지 경제적 도덕적 관점에서만 평가받았으나 맨더빌이 모국 네덜란드의 경제적 성공을 예로 들며 (이 뒤에 서술할 소스타인 베블런보다 무려 200년 먼저) '과시적 소비'(또는 현시적 소비)라는 사고방식에 도달했다는 점에 주목할 만한 가치가 있다.*

'과시적 여가'와 '과시적 소비'

이런 형태의 소비를 새로운 경제학 주제로 제시한 사람은 미국 경제학자 소스타인 베블런Thorstein Veblen이다. 베블런에 따르면, 사유재산제에서 부의 축적은 신체적 욕구를 만족시키기 위함보다 자신과 동일한 계급에 속한 사람들

* 과시가 목적인 권력자의 소비는 이미 고대에서 자선행위(에베르제티즘, L'evergetisme)라는 이름으로 알려져 있었다. 고대의 자선 행위에 대해서는 폴 벤Paul Veyne 의 《빵과 경기장-그리스 로마시대 정치와 도시의 사회학적 역사 (Bread and Circuses: Historical Sociology and Political Pluralism)》(1992)를 참조할 수 있다.

을 넘어서서 더 높은 평가를 받는 데 목적이 있다. 베블런
은, 부의 축적의 주된 동기가 '비교와 차별화'라고 말한다.
'재화에 의한 비교와 차별이 행해지는 한, 사람은 재산을
경쟁하고 재력에 대한 평판을 끊임없이 좇으며 경쟁상대
보다 한층 높이 올라감으로써 더없는 기쁨을 느낀다'고 설
명한다.[13]

사유재산제의 재산 경쟁 속에서 부유한 계급은 점차 생
산적 노동이 자신들과는 어울리지 않는다며 거부하게 되
었다. 애써 일하는 것은 천박하고 볼품없다고, 노동에 종
사하지 않아도 부를 향유하는 것이 승자의 징표라고 여겼
다. 이로써 베블린이 '과시적 여가'라 칭한, 한가함을 자랑
하는 행동 규범이 나타나게 되었다. 유한계급은 그저 '시
간을 비생산적으로 소비'하는 데 힘썼다.

그런데 19세기 말에 과시의 방식에 변화가 일어난다.
'과시적 여가'에서 '과시적 소비'로 옮겨간 것이다. 산업화
와 도시화가 진행되자 한가함만으로는 충분히 재력을 보
여줄 수 없게 되었다. 자신의 재력을 누구나 한눈에 알아
볼 수 있도록 강한 인상을 남겨야 했다. 소비론을 연구하

는 영국의 한 학자는 다음과 같이 논한다.

> 베블런의 시대에는 눈꼴사나운 금박 같은 현시적 소
> 비가 낭비적 소비의 사회적 의의를 증명하는 데 도움
> 이 되었다. 부유함 그 자체만으로는 충분치 않았다.
> 그에 어울리는 지위는, 그 사람의 재력이 다른 모두
> 에게 명확하게 드러나야 비로소 확보된다.[14]

현시적 소비는 '경쟁의식' 즉, '자신과 동류로 보이는 타
인을 웃돌고 싶다는 마음'이 동기로 작용한다. 그런데 그
런 경쟁에 과연 끝이 있을까? 베블런에 따르면, 재산의 축
적을 경쟁하는 것은 본질적으로 타인과의 비교에 근거한
평판을 얻기 위해서이므로 이런 경쟁에 최종 도달점은 없
다.[15] 베블런의 시대, 승자 없는 게임의 주요 플레이어는
유한계급이라 불린 사람들이었다. 머지않아 훨씬 더 많은
사람이 이 게임에 포섭될 것이다.

과시의 민주화와 과시자의 고독

19세기 후반부터 20세기에 걸쳐서 중산계급이나 노동자 계급의 구매력이 높아지며 그들도 사치품을 소비할 능력이 생겼다. 그에 따라 과시라는 행위도 유한계급에 한정되지 않게 된다. 즉, 소비사회가 되며 누구나 많든 적든 과시할 자격을 얻어 이른바 '과시의 민주화' 현상이 일어났다. 수잔 매트Susan J. Matt의 뛰어난 묘사에 따르면, 세기의 전환기 미국에서는 사람들이 사치품에 대한 욕망을 숨기지 않게 되어 중간층이 부유층을 모방하게 되었다.[16]

여기서 주목할 점은, 질투심에 대한 사회적 평가가 이

전과는 달라졌다는 점이다. 질투가 '사람들을 만족으로 이끄는 감정'이라는 긍정적 평가를 받게 되었다. 19세기 이전의 사고방식으로는 질투심은 부끄러워해야 할 비도덕적 감정이었으며 소비와 사치품에 대한 욕망도 종교적 겸허함으로 어느 정도 억제되는 면이 있었다.

그러나 1920년대 미국에서는 광고업자, 경제학자, 언론인 등에 의해 질투에 대한 새로운 인식이 퍼져나갔다. 그들은 과거의 사고방식 즉, 각자 신이 내려준 사회적 지위에 만족하고 본분을 지키며 그 이상을 바라지 않아야 한다는 사고방식을 비판하고 질투에 새로운 의미를 부여했다. 질투는 소비로의 지출을 유인하고 국민 전체의 생활 수준을 끌어올릴 뿐 아니라 경제 성장을 촉진하는 것, 때로는 바람직한 것으로까지 인식되었다. 매트는 이렇게 표현한다.

질투의 의미와 정통성에 관한 변화가 중요한 이유는 그것이 소비경제의 확대를 지탱한 새로운 감정적 행동 패턴의 일부였기 때문이다. 물질주의에 관한 종교적 거리낌을 극복하고 쾌락과 사치, 욕망을 강조하며 억제할 줄 모르고 좀처럼 만족하지 못하는 감정적 스타일을 발전시켰기 때문에 미국에서 소비사회가 성장할 수 있었다.[17]

소비사회가 발전하며 사람들은 질투가 부여했던 도덕적 거리낌에서 벗어나 자유롭게 욕망을 표현하게 되었다. 당시, 이런 추세를 단적으로 보여주는 표현이 '존스 일가 따라잡기Keeping up with the Joneses'다. 질투와 경쟁emulation이 더는 위험한 정념이 아니라 자연스럽게 널리 퍼진 사회적 충동임을 시사하는 문구라고 매트는 평가한다.[18]

매트는 이런 변화 속에서 특히 도시의 여성들의 모습에 주목했다. 1910년대 미국 도시의 중산계급 여성들은 패션부터 피아노, 가구까지 자신의 질투심에 충실히 따라 부유층을 모방했다. 이런 현상은 '가정을 지키는 여성' 같은 도덕적이고 보수적인 이미지에서 여성을 해방하는 데 일조했다. 대량생산으로 상품의 희소성이 옅어지고 접근성이 높아진 것도 이런 경향을 부추겼다. 이런 과정을 거쳐 사치품을 과시하며 낭비하는 일이 대중화(민주화)되었다.

현대인을 지배하는 '타인 지향적 성격' – 데이비드 리스먼

이야기를 다시 '과시'로 돌려보자. 매트가 제시한, 과시의 민주화라고도 부를 수 있는 '새로운 소비사회의 대두'와 함께 '과시'에 근본적 변화가 일어났다. 과시자가 질투자의 인정에 점점 더 의존하게 되고 과시자의 자만에 예전과 같은 위신이 보이지 않을뿐더러 어딘가 불안함마저 드러나게 된 것이다.

이런 현대인의 특징을 데이비드 리스먼David Riesman은 새로운 사회적 성격으로 '타인 지향적 성격'이라 부른다. 타인의 평가 없이는 자신의 가치를 규정하지 못하는 새로운 인간 유형을 가리킨다. 리스먼은 다음과 같이 표현한다.

> 타인 지향형에서 나타나는 공통점은, 개인의 방향이 동시대 사람에 의해 결정된다는 것이다. 동시대 사람은 그가 직접 아는 사람일 수도 있고, 친구, 소셜미디어를 통해 간접적으로 아는 인물일 수도 있다. (……) 타인 지향형의 인간이 향하는 목표는 동시대 사람이 이끄는 대로 달라진다. 그의 생애를 통틀어 변치 않는 것은 이런 노력 그 자체와 타자의 신호에 끊임없이 세심한 주의를 기울이는 작업이다.[19]

이전까지 주된 사회적 성격이었던 전통지향형과 내부지향형과는 달리, 현대인은 타인의 평가를 무엇보다 신경 쓴다. 리스먼은 동시대 사람의 범위를 '은하계'에 빗댄다. 사람들이 그 은하에서 자신의 위치 선정에 고심하느라 타인과의 비교를 멈추지 못한다는 것이다. 현대인은 늘 불안에 시달리며 타인에게 인정받기를 갈망하는 존재라 할 수 있다.

리스먼은 이런 새로운 유형을 1950년대 미국 사회에서 발견했으나 상당 부분 현대 사회의 보편적인 성격에 해당한다고 설명한다. 또, 타인지향형 인간이 젊은 연령층, 대도시, 상급 계층에서 보이므로 이런 성격 유형이 미국 전체의 주류가 되는 것은 시간문제라고 리스먼은 예언한다.[20]

소셜미디어 시대의 과시

현대사회도 타인 지향적 성격의 대중화가 이루어지는 연장선상에 있다. 미디어의 발달이 이런 경향에 박차를 가했음은 의심할 여지가 없다.

지금 과시의 주요 무대는 인터넷으로 옮겨갔다. 특히 소셜미디어의 폭발적인 보급은 과시를 둘러싼 풍경을 크게 바꿔놓았다.

소셜미디어의 등장은 우리 행동에 어떤 영향을 가져왔을까? 여기서는 알렉산드라 새뮤얼Alexandra Samuel의 의론을 참고해 보자. 새뮤얼은 첫 번째로 '근접성proximity'의 변화를 꼽는다. 일반적으로 우리는 가까운 사이일수록 친밀감을 느끼기 쉬운데, 소셜미디어는 예전이라면 알지 못했을 타인의 생활을 엿볼 수 있게 하므로 지금은 시야 범위가 사실상 무제한에 가까워졌다.

두 번째로, 소셜미디어는 사회적 장벽을 무효화하여 사람들의 비교를 대상을 확대했다고 새뮤얼은 지적한다. 과거에는 자기와 같은 계급, 동족의 범위 내에 머물던 비교가, 한 번도 만난 적 없고 앞으로도 만날 일 없는 타인과의 비교로 확대되었다. 이 부분은 '기성 질서가 해체되어 개인의 차이가 애매해질 때 다양한 계급이 경쟁과 상호 비교를 시작한다'는 폴 뒤무셸의 표현과도 상통한다.[21]

마지막으로 새뮤얼은, 과거 '가진 자'는 '못 가진 자'의 질투를 두려워하여 부와 성공을 감추는 경향을 보였지만 소셜미디어 시대 사람들은 자신의 행복을 숨기려 하지 않는다고 지적한다. 숨기기는커녕 자신의 행복을 실제보다 부풀려서 과시하는 경우도 있다. 새뮤얼에 따르면, 사람들은 질투를 유발할 만한 것을 더는 감추려 하지 않고 질투를 부를 만한 경험이나 부의 획득을 칭송하게 되었다.[22] 이로써 자만과 질투의 변증법은 기하급수적으로 가속될 것이다.

'만인이 만인에게 과시하는 시대'가 도래했다. 새해 다짐부터 이직 상황, 보조금이며 수상 실적, 회전 초밥 가게에서 인생을 건 기행에 이르기까지 사람들은 쉴 새 없이 과시로 내몰린다. 무엇이 이토록 우리를 과시로 몰아넣는 것일까?

사적인 일들이 노출되는 시대

이런 과시 현상은 정신분석이론가 쓰이키 고스케立木康介가 '사적 영역이 한없이 노출되는 시대'라고 표현한 것과 호응한다. 쓰이키에 따르면, 현대는 과거라면 감췄을 사적 사항이 공적으로 노출되는 시대이다. 쓰이키는 상징적 일화로 이탈리아 전 총리 실비오 베를루스코니Silvio Berlusconi와 아내 베로니카 라리오Veronica Lario의 이혼 공방을 들었다. 2009년 5월 어느 일요일, 미디어는 '베로니카 실비오와 결별을 결심', '베로니카, 실비오에게 이혼 요구하기로 결정'이라는 헤드라인으로 넘쳐났다. 쓰이키는 이에 대해 다음과 같이 평한다.

가장 사적인 결단이 가장 사적이어야 할 단계에서 노골적으로 거리낌 없이 불특정다수의 눈과 귀 앞에 놓였다. 베를루스코니 부부에게 사적 영역은 숨겨져야 할 것에서 노출해야 할 것으로 변질되었다.[23]

현대에는 정도의 차이만 있을 뿐 누구나 사적이어야 할 것을 공적 공간에 방류한다. 개인의 내면, 마음에 관한 것도 마찬가지이다. 쓰이키는 사람들이 마음을 드러내는 사회를 무의식이 쇠퇴한 사회라고 파악한다. 이 또한 과시의 민주화가 불러온 하나의 결과로 볼 수 있다.

'진정성'에 대한 문제

현대인이 끊임없이 과시로 내몰리는 이유는 무엇일까? 이에 대한 답을 찾기 위해 찰스 테일러Charles Taylor가 논한 '진정성authenticity'에 대한 문제를 살펴보고자 한다. 테일러는 근대에서 일어난 변화로 '명예'에서 '존엄'으로의 이동을 꼽는다. 애초에 명예는, 명예가 누군가에게는 주어지고 누군가에게는 주어지지 않기 때문에 재산으로서 가치를 갖는다(모든 사람이 상을 받으면 상의 가치는 없다). 그러므로 명예의 개념은 불공평한 계층 질서를 전제로 한다.

그러나 그런 질서는 붕괴되었고 그 대신 '존엄'의 개념이 나타났다. 테일러에 따르면, 존엄은 보편주의적이고 평등주의적인 것이며 민주주의 사회와 양립 가능한 유일한 존재로서 오랜 명예의 관념을 대체하게 될 것이다.[24] 즉, 희소재로서 명예를 좇는 경쟁에서 벗어나 평등하게 존엄을 향유하는 시대로 이동하게 된다는 것이다.

이런 평등화 과정 가운데 역설적으로 '진정성'이 절실해졌다. '진정성'이란 무엇일까? 찰스 테일러는 다음과 같은 예를 든다.

> 인간으로서 존재하기 위해 나 자신의 방식이 존재한다. 타인의 인생을 모방함으로써 살아가는 것이 아니라 자신의 방식대로 살아갈 것을 요구받는다. (……) 나 자신에게 충실하다는 것은 자신의 독자성에 충실함을 의미하며 독자성은 자기 자신만이 명확하게 표현하고 발견할 수 있다. 자신이 그것에 명확한 표현을 부여할 때 스스로를 정의할 수 있다. 진정 자신의 것인 잠재적 능력을 현실화하는 것이다. 근대의 진정한 이념, 통상 이 이념을 포함하는 자기달성과 자아실현이라는 목표의 배후에는 이런 이해가 존재한다.[25]

따라서 진정성이란 자신의 인생에 의미를 부여해 주는 아이덴티티 같은 것이다. 과거에는 사회적 계층이 확실히 규정되어 굳이 물을 필요가 없었지만, 평등한 존엄의 시대에는 다르다. 인정이 불분명해지면서 자신의 독자성이 한층 심각한 문제가 되었다. 이런 상황의 변화가 '인정 욕구를 둘러싼 정치'의 배경이다.

'과시의 범람'이라는 현상도 마찬가지이다. 과시자 또한 많은 사람이 평등하게 과시하는 상황 속에서 타인과 다른 자신의 진정성과 독자성을 얻고자 몸부림치고 있다. 그러나 문제는 그 욕망에는 진정한 만족이 없다는 점이다. 과시의 민주화는 만인에게 과시적 행동을 가능케 했으나 그로 인해 과시 그 자체의 조건이 무너졌다. 자만에 칭찬과 질투가 꼭 필요하다면 과시의 민주화 속에서 과시의 효용은 떨어질 수밖에 없다. 표류하는 우주선에서 끊임없이 신호를 송출하며 허무함을 느끼듯이 지금은 적절한 때를 알지 못하는 수신자 불명의 과시만이 반복되고 있다. 과시자의 구슬픈 말로라 해도 과언이 아니다.

과시와 자본주의의 관계

일반적으로 과시와 자만은 그리 칭찬받을 일이 아니었기에 역사상 과시에는 늘 다양한 방법이 따라다녔다. 하지만 현대에는 아무도 심오한 기법 따위는 개의치 않는다.

이번 장을 마치며 조금 방향을 돌려보자면, 과시가 문제시되는 이유는 과시와 자본주의 이론의 강한 친화성 때문이다. 사치라는 개념으로 자본주의 발전을 논한 베르너 좀바르트Werner Sombart까지 거론하지 않아도, 과시가 끊임없는 차별화 게임인 이상 그 욕망을 일시적으로나마 채워주는 것이 자본주의임은 자명하다. 그리고 자본도 사람들의 과시욕을 이용한다. 그러므로 현대 좌파의 컨센서스인 포스트 자본주의의 미래는 어떤 방식으로든 과시자와 그 욕망을 상대하게 될 것이다.

이런 과시 게임을 벗어나는 방법이 있을까? 만약 있다면 그것은 '나는 키 작은 뚱보, 그것이 내 자랑I'm short, fat, and proud of that'이라는 곰돌이 푸의 말처럼 '상식을 뒤집는 과시'가 아닐까? 자신의 특이성을 있는 그대로 긍정하는 순수한 과시만이 자본이 강요하는 게임에서 벗어나 타인과의 비교를 잠시 내려놓게 해줄지도 모른다. 설령 그 또한 새로운 차별화 이론에 휩싸일지라도.

民主社会に渦巻く
情念を解剖する

제4장

질투·정의·공산주의

민중의 정의란, 부호나 자산가, 귀족,
그 밖의 행복에 대한 이기적 질투이다.
어떤가? 질투도 정의로운가?

- 하기와라 사쿠타로 萩原朔太郎《허망의 정의(虛妄の正義)》[1]

평등 폭탄

인기 만화 《도라에몽》에 〈평등 폭탄〉이라는 에피소드가 있다. 공부도 야구도 잘하지 못하는 진구가 도라에몽에게 다음과 같이 불평하는 데서 이야기는 시작한다.

> "도무지 의욕이 안 나. 공부는 해도 모르겠고 야구 실력은 엉망진창이라 퉁퉁이한테 맨날 무시당하잖아. 난 뭘 해도 실패만 하고, 불공평해. 태어날 때부터 머리 좋은 사람, 나쁜 사람 따로 있고 힘센 사람, 약한 사람 따로 있다니 이건 너무하지 않아?"[2]

진구의 불평 앞에 도라에몽이 마지못해 꺼낸 도구가 바로 평등 폭탄이다. 표준으로 삼고자 하는 사람(여기서는 진구)의 손톱 때를 달여서 그 즙을 폭탄에 매달아 쏘아 올리면 폭탄의 재를 뒤집어쓴 사람은 표준 인물과 똑같아진다. 진구가 폭탄을 쏘아 올려 거리의 모든 사람이 재를 뒤집어쓴 결과, 학교 선생님을 포함한 학교 구성원 모두 지각을 하거나 숙제를 잊어버린다. 다들 수학 문제도 풀지 못하고 곱셈에도 끙끙댄다. "다들 속도가 똑같으니 공평하고 좋네"라며 진구가 만족하는 것도 잠시, 모든 사람이 게을러진 탓에 사회 전체가 제대로 기능하지 못하게 된다는 내용이다.

여기서 '평등 폭탄'이 실현한 것은 말 그대로 일종의 평등 상황이다. 이 평등 상황은 사람들 상태를 전부 진구 수준으로 끌어내림으로써 실현되었다. 이때 진구를 몰아세운 것은 다름 아닌 열등감과 질투이다. 능력 있는 사람과 능력 없는 사람이 있는 세상은 불공평하고 옳지 않다, 진구의 마음에는 그런 정의에의 호소가 확실히 존재한다.

이런 순수한 발상은 만화에만 국한된 이야기일까? 어

쩌면 불공평한 상황을 시정하라고 호소하는 정의를 향한 요구에 진구가 느낀 질투심과 비슷한 감정이 어느 정도 포함되어 있지 않을까? 이번 장에서는 정의와 질투의 다소 불온한 관계를 다뤄보려 한다.

정의의 탈을 쓴 질투심

앞에서 여러 의론을 통해 명확하게 밝혀졌듯이, 질투는 지극히 부끄러워해야 할 감정이기에 타인에게 들키고 싶지 않을뿐더러 스스로 자신의 질투심을 인정하는 일은 고통을 동반한다. 이런 성질 때문에 질투는 종종 신분을 위장한다. 질투는 동경이나 의분 등으로 위장하여 무해함을 가장하고 그 소망을 은밀하게 만족시킨다. 주류의 사회과학에서 질투라는 감정을 다루기 어려운 이유가 여기에 있다.

질투의 위장 중 가장 악질은, 질투가 정의에 대한 요구로서 나타날 때이다. 물론, 세상을 바로잡고자 정의를 주장할 때나 사회 불공정, 불공평의 시정을 호소할 때 그 대부분은 순수한 동기, 즉 정의감과 도의심에서 기인한다.

그러나 정의를 향한 호소에 부자나 자기 마음에 들지

않는 상대에 대한 사적인 감정을 섞는 일이 있는 것도 사실이다. 성공한 사람에 대한 질투심이 경제 격차 문제의 비판으로 나타나는 일이 전혀 없다고 누가 단언할 수 있을까? 이미 소셜미디어에서는 전혀 낯설지 않은 모습이다.

흔한 예로, 나는 예전에 흡연자였다. 어떤 계기로 담배를 끊게 되었는데 그때 이후 타인의 흡연 냄새에 매우 민감해졌다. 한때는 나도 깊게 빨아들였던 담배 연기가 공기를 타고 날아들 때면 콧구멍을 들썩이며 강렬한 불쾌감을 느꼈다. 그때마다 '여긴 흡연 장소도 아닌데' 또는 '가까이에 어린아이도 있는데'라며 상식적인 정의감에 근거하여 분노한다고 생각했다.

신기하게도 그 불쾌감은 흡연한 적 없는 사람이 품는 감정보다 훨씬 강렬했다. 최근에는 이런 불쾌감을 별로 느끼지 않게 되었는데, 이제 와 생각해 보니 당시 그 감정에는 흡연자를 향한 질투가 분명히 포함되어 있었다. 최근 과도하게 펼쳐지는 금연운동도 간접흡연 피해를 이유로 내세우지만, 어쩌면 나와 같은 심리로 금연운동에 참가하는 사람도 조금은 있지 않을까?*

코로나19의 범유행이 시작되었을 때 화제가 되었던 '자숙 경찰' 사례를 떠올려 봐도 좋겠다. 그들은 정부가 국민에게 자숙을 요구하는 시기, 그 지침에 따르지 않고 영업을 계속하는 점포나 외식을 즐기는 사람들에게 분노하며 사적 제재를 가했다. 그저 과한 참견에 지나지 않는 그들의 괴롭힘은 질투심에서 생겨나 정의감으로 포장된 것이 아니었을까. '다들 참고 있는데 자기들만 즐기다니 용서할 수 없어!' 하는 마음으로 말이다.

● 동일한 논점을 다룬 연구로, 슬라보예 지젝의《지젝 자신에 의한 지젝(ジジェク自身によるジジェク)》(清水知子訳, 河出書房新社, 2005年) 102~103쪽을 참조하였다.

정의와 질투

'정의란 무엇인가'는 정치사상과 정치 철학에서 매우 활발하게 논의된 주제이다. 사람들의 다양한 상황과 가치관이 뒤섞인 현대에서 어떤 사회가 공정하고 바람직한지, 더 구체적으로는 어떤 식으로 부를 분배할지, 세금은 누가 어느 정도 부담해야 할지 등 정의와 관련된 사회에 대해 규범적인 의론이 전개되어 왔다.

그런데 '정의와 평등에 대한 요구는 질투심을 숨기는 허울에 불과하지 않을까?'라는 의심은 이런 논의에 찬물을 끼얹는 격일 수 있다. 이런 불온함 때문에 질투가 지금까지 사회과학과 정치 철학 분야에서 억압받아 왔는지도 모른다.

그러나 이 침묵에는 예외가 있다. 미국 정치철학자이자 정의론의 대가이기도 한 존 롤스John Rawls는 질투가 가진 위력을 날카롭게 간파하고 이 감정에 대해 논한다. 정의론은 질투를 어떤 식으로 다루고 있을까? 이번 장에서는 롤스의 정의론을 검토한다. 우리가 여기서 주목할 부분은 질투라는 감정을 무력화하고 그것의 독소를 제거하고자 하는 롤스의 자세다.

롤스의 《정의론》

존 롤스John Rawls, 1921~2002는 미국 하버드대학에서 오랜 기간 교편을 잡은 정치철학자다. 1971년에 간행된 《정의론》은 그때까지의 정치 철학 방식을 쇄신할 정도의 영향력을 발휘했다. 20년 이상 지난 지금도 그 책을 둘러싸고 다양한 의론이 활발하게 이루어지고 있다. 롤스에 대해 워낙 많은 논고가 발표되어 그 동향이 종종 '롤스 산업'이라 표현될 정도이다. 대학의 정치학 수업에서도 《정의론》이

가져온 충격과 여파는 절대 빠지지 않는 주제이다.

롤스의 《정의론》이라 하면, '원초적 입장'이나 '무지의 베일', 또는 '차등 원칙' 같은 표현이 잘 알려져 있다. 롤스가 공정한 사회를 논리적으로 도출하는 데 꼭 필요한 개념이자 수많은 의론을 불러온 개념이기도 하다.

이에 비해 별로 주목받지는 못했지만, 롤스는 《정의론》에서 질투에 대해 두 항목이나 할애하고 있다. 제80절 질투 문제80. The Problem of Envy와 제81절 질투와 평등81. Envy and Equality이다. (국내 번역서에서는 'envy'를 '시기심'으로 옮겼으나, 여기서는 이 책의 용어 사용법에 따라 '질투'로 통일한다. - 옮긴이) 왜 질투인가? 사실 롤스는 사회에서 사람들의 질투심이 그의 정의 구상을 헛되이 만들 수 있음을 두려워한다. 그래서 그 감정에 대해 검토하여 그 우려를 불식시키려 했으나 롤스의 계획은 충분히 달성되지 않았다. 달성은커녕 질투 문제는 여전히 롤스의 의론의 급소처럼 보인다.

롤스의 공정한 사회에서 질투심은 어떤 식으로 다뤄질까? 그리고 그의 정의 구상은 이 파멸적 감정을 제대로 통제할 수 있을까?

'원초적 입장'이란 무엇인가

앞에서 서술했듯이, 롤스는 공정한 사회의 정의 원리를 탐구하기 위해 '원초적 입장'이라는 개념을 채용한다. 원초적 입장에서 사람들은 '무지의 베일'을 쓴다. 이 베일을 쓴 상태에서 사람들은 사회의 일반적 사실(예를 들면 '돈은 적은 것보다 가능한 한 많은 편이 좋고 그래야 인생에서 선택지가 다양해진다' 같은 일반적인 것)에 대해서는 알지만 사회에서 자신의 입장을 알지 못한다. 사람들은 무엇이 자신에게 유리한지 불리한지 알지 못하므로 모든 개인은 사회적 기본재가 공정하게 배분되는 정의 원칙을 선택할 것이라고 롤스는 추론한다.

이 설명만으로는 너무 추상적이어서 상상하기가 어려울 수 있으니, 구체적인 상황을 한번 그려보자. 롤스의 목표는 사람들이 정의 원칙에 합의할 수 있는 상황을 특정하는 것이다.

예를 들어 유복한 가정에서 태어난 건강한 사람과 사회적 약자 집단에 소속되어 건강에 문제를 안고 태어난 사람은 바람직한 사회상에 대해 쌍방이 납득할 만한 결론을 얻기가 어렵다. 전자에게는 가능한 한 사회보장을 줄이고 세금의 부담이 적은 사회가 바람직할 것이고, 후자에게는 사회보장이 충실하고 복지에 후한 사회가 바람직할 것이다. 또는 한참 육아 중인 사람과 이미 자녀를 다 키운 사람(또는 아이가 없는 사람) 사이에서도 국가의 육아 지원 방안을 둘러싸고 현저한 견해 차이를 보일 것이다. 유한한 자원의 분배 방식을 놓고 어떤 것을 바람직하다고 생각할지는 그 사람이 놓인 상황에 크게 좌우된다.

이런 상황을 근거하여 무지의 베일을 둘러싼 롤스의 의론은 개인 차원에서 지식을 일단 괄호 안에 넣은 상태로, 사람들이 어떤 사회 원리를 선택할지를 고찰한 사고실험이다. 롤스는 사람들이 '맥시민maximin 원리'(최악의 상황일 때 얻을 수 있는 이익이 최대가 되는 선택지를 고른다)에 따라 정의 원리를 선택한다고 보았다. 쉽게 말해서, 사람들은 설령 사회적으로 불리한 처지에 있어도 어느 정도 적당한 생활 수준이 보장되는 사회가 바람직하다고 생각할 것이다, 라는 뜻이다(원초적 입장에 관해 더 깊이 논하지는 않겠다. 자세한 내용은 사이토 준이치·다나카 마사토 《존 롤스》를 참고하기 바란다).[3]

원초적 입장에서 배제된 질투

롤스의 의론이 많은 논쟁을 불러왔지만 우리가 주목할 부분은 다음과 같다. 롤스의 정의 구상에서 원초적 입장의 가정상, 사람들은 일관되게 합리적이며 특정 감정적 성향에 현혹되는 일이 없다.《정의론》제1부에서 질투 같은 감정은 롤스의 정의 구상에서 배제되어 검토 대상에 들어가지 않는다. 롤스는 제1부 25절에서 이 부분을 분명하게 밝힌다.

> 이 책은 '합리적 인간은 질투로 고통받지 않는다'는 특수한 가정을 제시한다.[4]

원초적 입장에서 사람들 사이엔 비교의 척도가 존재하지 않고 모든 개인은 타인을 질투하지 않는다. 즉, 원초적 입장에 있는 개인은 타인을 향한 질투심에 휘둘리지 않고 정의 원칙을 선택할 수 있다.

롤스의 이런 논리 전개 방식에는 당연하게도 많은 의문이 제기되었다.[*] '어째서 인간의 본성인 감정을 원초적 입장에서 배제하느냐', '인간의 모습을 있는 그대로 보지 않고 추상적 인간 모델을 활용한다'는 비판이 대표적이다. 그러나 이런 비판의 대부분은 심오한 《정의론》을 진지하게 읽지 않거나 읽으려 하지 않아서 발생한다고 볼 수 있다. 왜냐하면, 롤스의 《정의론》은 질투 문제를 이대로 끝내지 않기 때문이다. 롤스는 제3부에서 인간의 질투심과 다시 한번 마주한다.

《정의론》은 다음과 같은 전략을 따른다. 제1부에서 '질투가 존재하지 않는다는 가정 아래, 원칙들을 도출'하고

● 원초적 입장에서 질투가 배제된 데 대해 롤스 의론에 의한 내재적 방식으로 문제화한 연구로서 Patrick Tomlin, "Envy, Facts and Justice: A Critique of the Treatment of Envy in Justice as Fairness"(Res Publica, Vol.14, No.2, 2008)를 참조하였다. 탐린은 질투의 성향이 원초적 입장에서 인지되어야 할 '일반적 사실'이며, 질투가 정의의 두 원칙의 선택에 영향을 미친다고 논한다.

제3부에서 '인간을 둘러싼 정황을 시야에 넣고 제1부에서 도출된 정의관이 실현 가능한지 검증'하는 것이다(이런 논리 방식을 '반성적 평형reflective equilibrium'이라 부른다).

롤스는 정의와 질투의 문제를 어떻게 바라보는지 《정의론》 제3부를 살펴보자.

제80절 질투 문제

《정의론》 제3부에서 롤스는 앞에서 도출된 '정의로운 사회 구상'의 안전성과 실행 가능성을 실제상황에 근거하여 검증하고자 한다. 물론, 정의 원칙을 선택할 때 질투 같은 '회피해야 할, 우려해야 할 심리'가 섞여 드는 것은 바람직하지 않다. 그런 감정은 사람들의 합리적 선택을 왜곡시킬 수 있기 때문이다. 그러나 '그런 성향은 분명히 현실에 존재하므로 어떤 방법으로든 그것들을 고려하지 않을 수는 없다'.[5] 포인트는 과연 롤스의 《정의론》이 질투라는 특수한 심리를 제대로 다룰 수 있는지, 나아가 질투가 정의 원칙(특히 차등 원칙)을 파멸할 정도로 위험한 것이 될 가능성이 있는지이다.

우선 제80절 질투 문제부터 살펴보자. 일반적으로 질투는 합리적이라고는 보기 힘든 감정이다. 제1장에서 다룬 질투의 정의를 떠올려보자. 칸트에 따르면, 질투는 자기 이익이 되지 않을 뿐만 아니라 설령 자기가 손해를 보더라도 상대의 이익과 성공을 용납하지 못하는, 경제적 관점에서도 매우 비합리적인 감정이다.

롤스도 칸트의 정의에 근거하여 질투를 아래와 같이 정의한다.

> 다른 사람이 자기 자신보다 더 많은 행운을 가졌다고 해서 자신이 상대적 이익을 손해 보지 않아도, 다른 사람이 더 많은 이익(단수의 재물)을 소유한 상태를 적대시하는 성향이 질투이다. 우리는 자기보다 우위에 있는 사람과 (……)를 질투하고 자신보다 더 많이 가진 편익을 상대방으로부터 박탈하는 데 거리낌이 없다. 설령 그것에 의해 자신의 소중한 것을 필연적으로 잃게 되더라도 말이다.[6]

한편, 롤스에 따르면 질투가 늘 비합리적인 것은 아니다. 롤스는 합리적이라 할 수 있는 질투도 존재한다고 인정한다. 질투는 확실히 악덕이나 '때에 따라서는 질투를 유발하는 상황이 지극히 절박하고, 자연스러운 인간으로서 자신의 원망하는 감정을 도저히 이치에 맞는 방식으로 극복할 수 없는 경우가 있다. (……) 이런 고통을 겪는 사람들에게 질투는 비합리적인 것이 아니다'.[7]

예를 들어 어떤 사람이 자존심을 무참히 짓밟힐 정도로 열악한 위치에 놓였을 경우, 그 인물이 느끼는 질투심에는 어쩔 수 없는 부분이 있다. 불운으로 괴로운 경제 상황에 몰렸는데 향후 상황이 개선될 전망이 없어 보일 때처럼 어쩔 수 없는 상황에서는 질투심을 품더라도 그것은 비합리적이라 할 수 없고 용인 가능하다는 뜻이다. 롤스는 이런 질투를 '변명의 여지가 있는 질투excusable envy'라고 부른다.

다만, 정의 원칙을 충족한 사회가 이 '변명의 여지 있는 질투'를 과도하게 유인하지는 않는지 주의 깊게 살펴볼 필요가 있다. 다시 말해서, 만일 롤스적 사회가 '변명의 여지 있는 질투'를 충분히 억제할 수 없다면 그 질투심을 도의적으로 단죄하지도 못하고 롤스의 정의 프로젝트는 실패로 끝날 것이기 때문이다. 그래서 롤스는 원초적 입장에서 도외시한 질투 문제를 한 번 더 마주한다.

제81절 질투와 평등

이어서 롤스의 의론을 따라가 보자. 제81절 '질투와 평등'에서는 '적의로 가득 찬 질투'를 조장하는 세 가지 조건을 제시한다. 첫째, '자신의 존엄이 불안정할수록, 앞으로 개선될 가능성이 없다고 느낄수록 더 많이 누리는 사람들의 좋은 상황을 더욱 강하게 질투하는 경향을 보인다'.[8]

둘째, 자존감과 자신감의 결여가 고통스럽고 굴욕적인 경험이 되는 유인(타자와의 격차가 고통으로 느껴지는 사회 양식)이 있을 때이다. 예를 들면, 어느 마이너리티 집단에 대한 차별이 공연하게 용인되는 사회에서 차별은 굴욕적인 경험이 된다.

마지막 조건은, 상황이 건설적으로 개선될 여지가 없어서 괴로움이나 열등감 같은 감정을 완화할 방법이 '설령 자기 자신이 손해를 입더라도 더 나은 상황에 있는 사람에게 손해를 입게 하는 것'뿐이라고 생각할 때이다.

이 세 가지 조건이 겹칠 때 적의에 찬 질투가 발생하고 이것이 과해지면 사회질서가 불안정해진다.

롤스의 논증 목표는 그가 그린 공정한 사회가 이런 조건을 완화하고 질투심을 누그러뜨린다는 것을 나타내는 데 있다. 롤스는 첫째, 그의 정의 구상이 시민의 자존감self-esteem을 지지한다고 강조한다(대등한 존엄과 기본적인 권리). '공동체 구성원들은 공통의 정의감을 공유하고 시민적 우호의 유대로 굳게 연결되기'[9] 때문에 설령 어떤 사람이 행운이 없다고 해도, 자기 자신을 열등하다고 볼 근거가 없다는 것이다.

둘째, 롤스의 '질서정연한 사회'에서 격차는 도를 넘지 않는다. 질서정연한 사회는 '불운한 처지에 있는 사람이 자신의 상황을 굴욕적으로 경험하게 만드는 요인을 감소시킨다. 설령 불운한 사람이 질투하기 쉬운 경향을 보인다 해도 그것을 강하게 유발할 만한 일은 생기지 않는다'[10]라는 것이다.

그리고 마지막으로, 롤스가 그린 사회는 자신의 상황을

개선하기 위해 건설적인 대항책을 제공한다는 비교적 깔끔한 단언이 이어진다. 이상의 내용으로, 롤스는 다음과 같은 결론을 도출한다.

> 그러므로 '정의 원칙이 변명의 여지 있는 질투(또는 특정 질투)를 유발하여 성가신 일을 발생시킬 가능성은 없다'라는 결론을 내리고자 한다. 이상의 검토를 통해 정의 구상의 상대적인 안정성을 재차 확인할 수 있다.[11]

롤스는 자신이 그려낸 정의로운 사회에는 질투가 존재한다 해도 결코 심각한 문제로 발전하지 않는다고 결론 내린다.

롤스의 이런 결론에 우리는 납득할 수 있을까? 그의 추론처럼 질투는 정말로 무해한 존재가 될까? 롤스가 질투에 대한 의론을 '비록 확실하게 입증하지는 않았지만'이라며 다소 갑작스럽게 정리하는 부분에서 일말의 불안이 엿보이는 것도 사실이다. 롤스의 견고한 구축물의 취약점 중 하나는 어쩌면 이 부분일지도 모른다.

정의라는 지옥 -
고자카이 도시아키의 비판

롤스는 이처럼 자기가 그린 공정한 사회 구상이 질투에 대해 충분히 면역을 갖추고 있다고 생각한 듯하다. 그러나 이 의론에는 이미 다양한 의문이 제기되었기에 그중 몇 가지를 확인해 보고자 한다.

우선, 롤스가 질투의 성질을 파악하지 못했다는 비판부터 살펴보자. 롤스는 그의 공정한 사회에서는 질투를 유발하는 요인이 감소한다고 보았다. 즉, 그가 제시한 공정한 정의 원리 아래서 사람들은 과도한 열등감에 괴로워할 필요가 없다고 판단한 것이다. 그러나 이 추론은 그리 자명하지 않다.

예를 들어, 사회 안의 서열이 '정의로운 것'이라 자신의 낮은 위치의 원인을 타인이나 사회제도의 불공정에 호소할 수 없을 때, 우리는 그 불만을 어디에 쏟아내야 좋을까? 즉, 시스템 그 자체는 공정하고 자신의 열악한 상황은 전적으로 자신의 능력 부족 때문이라 여겨질 때 과연 우리는 그것을 받아들일 수 있을까?

고자카이 도시아키小坂井敏晶는 이런 상황을 '정의라는 지옥'이라 부른다.

> 함께 입사한 동기보다 내 직급이 낮거나 급여가 적어도 그것이 못된 상사의 부당한 결정 때문이라면 자존심은 지켜진다. 서열의 기준이 정당하지 않다고 믿기 때문에 인간은 열등감에 괴로워하지 않을 수 있다. 롤스의 낙관과는 반대로, 공정한 사회만큼 무서운 것은 없다. 사회질서의 원리가 완전히 투명하게 공개된 사회는 이상향은커녕 인간이 살 수 없는 지옥 같은 세계이다.[12]

인생이 잘 풀리지 않는 것은 '어쩌다' 또는 '우연'이라고 생각하기 때문에 우리는 자존심을 유지하며 어떻게든 앞으로 나아갈 수 있다. 만약 그것이 능력에 근거한 필연적인 것으로 여겨진다면 그것을 받아들이는 일은 롤스의 의도와는 반대로 지독한 고통과 열등감을 동반하지 않을까?

슬로베니아의 한 농부 이야기 -
슬라보예 지젝의 비판

철학자 슬라보예 지젝도 비슷한 비판을 한다. 지젝은 롤스가 그린 사회는 반드시 원한의 폭발을 부른다고 지적한다. 지젝에 따르면, 그런 사회에서는 자신의 낮은 지위가 완전히 정당한 것이라고 여기므로 자신의 실패에 사회적 불공정을 탓할 수는 없다.[13]

지젝은 다음과 같이 이어간다.

롤스는 불평등이 자연적 특성에 의해 합법화되는 두려운 사회모델을 제창한다. 거기에는 슬로베니아의

한 농부 이야기에 담긴 단순한 교훈이 빠져있다. 그 농부는 선량한 마녀에게 이런 제안을 받는다. "뭐든 바라는 것을 들어주마. 하지만 네 이웃에게는 그 일이 두 배로 일어날 것이다." 농부는 잠시 생각하고 나서 음흉하게 웃으며 마녀에게 말한다. "내 눈 하나를 가져가시오."[14]

우리는 설령 자신에게 이익이 있다고 해도 타인의 행복을 참지 못한다. 오히려 이웃의 불행을 위해서라면 기꺼이 자신의 이익을 내놓기까지 한다. 롤스의 의론은 이런 인간의 불합리함을 충분히 고려하지 않았다.

롤스의 구상은 그의 의도와는 다른 불행한 결말을 예감케 한다. 이에 관해서는 장 피에르 뒤피Jean-Pierre Dupuy의 견해를 살펴보자.

이 (롤스적인) 사회는 갖가지 불평등이 자질, 재능, 능력의 격차와 관련이 있으므로 그 격차가 더욱 도드라지게 되는 불평등한 사회이다. 하층에 있는 사람은 자신의 열위를 타자의 탓으로 돌릴 수 없다. 게다가 원칙적으로 보자면, 그런 사람들은 자신들이 지금보다 더 나쁜 처지에 있지 않음을 고맙게 여겨야 하며, 더 나은 처지에 있는 사람들에게 감사해야만 한다![15]

보수가 능력과 자질에 근거한 필연적인 것이라면 징세를 통한 사회의 재분배 기능에는 '베풂'이라는 성격이 짙어진다. 그러면 재능과 능력이 열등한 자는 고액 납세자에게 감사해야만 할 것이라고 뒤피는 지적한다.

격차의 감소가 질투를 부른다

여기서 끝이 아니다. 우리는 격차의 감소가 반드시 질투 유발 요인을 감소시키지는 않음을 확인한 바 있다. 그런데 롤스는 공정한 사회에서 사람들의 경제적 격차는 결코 과도한 수준에 이르지 않는다고 강조한다.

이런 격차의 감소가 오히려 한층 격한 질투를 불러오지는 않을까? 아리스토텔레스의 지적처럼 질투가 비교가능한 자들 사이에서 발생한다면 격차가 좁혀질수록, 상대의 존재가 손에 닿을 만큼 가까워질수록 상대와 자신 사이에 채워지지 않는 차이가 점점 견디기 힘든 것이 되지는 않을까? 다음과 같은 데이비드 흄의 문장도 이런 맥락에서 이해할 수 있을 것이다.

> 자신과 타인 사이(의 우열이)가 동떨어져 있을 때가 아니라 오히려 (우열이) 가까워질 때 질투는 발생한다.[16]

비교가 성립되려면 일정한 유사와 근접이 불가결하다. '시인은 철학자를 질투하지 않는다. 또 시인이라도 자신과는 부류가 다르거나 국가가 다르거나 시대가 다르면 질투하지 않는 법'[17]이라는 흄의 사유에 근거할 때, 롤스의 추론을 그대로 받아들이기는 어렵다. 오히려 그가 그려낸 정의로운 사회에서 질투는 더 만연하고 버거운 문제가 될 가능성이 있다.

요약하자면, 롤스는 공정한 사회에서 사람들은 질투에 과도하게 휘둘리지 않는다고 보았으나, 그의 이런 추론에 다양한 의문이 제시되었고 특히, 격차의 감소가 반드시 질투를 감소시킨다고 볼 수는 없다.

롤스가 그린 공정한 사회에서 질투는, 그의 용어를 빌리자면, '변명의 여지 없는' 질투가 될 것이다. 애초에 질투심은 변명의 여지 있는 경우가 예외적이며 대부분 변명의 여지가 없는 감정이다. 이 책에서 다루는 질투란, 격차 개선의 가능성이 전혀 없는 상황에서만 발생하는 얌전한 감정이 아니다. 아무리 성공해도, 풍족해져도 자신의 상황과는 관계없이 이웃의 성공과 행복이 눈에 거슬려서 어쩔 줄 모르는 불합리하고 변명이 통하지 않는 감정이다. 그런 불미스러운 감정이기 때문에 더욱 진지하게 고려해 볼 필요가 있지 않을까?* 이로 미루어 볼 때 롤스의 정의 구상에서 질투심은 완전히 무력화되지 못할뿐더러 그 감정의 가장 거칠고 불손한 부분이 그대로 방치된다. 그리고 이것이 정의로운 사회 구상을 끊임없이 고민하게 만든다.

● 자유민주주의의 모든 가치를 실현하기 위해 롤스의 '변명의 여지 있는 질투'론을 적극적으로 활용하자는 의론도 있다. 즉, 상대적으로 가난하고 정치적으로 무력한 다수자와 정치 권력과 부를 가진 소수자가 대치하는 현실을 고려하여, 슈퍼 리치를 규제하기 위해 그런 대중의 감정을 이용하는 것을 인정하는 것이다(Jeffrey Green, The Shadow of Unfairness: A Plebeian Theory of Liberal Democracy, Oxford University Press, 2016, Chap.3).

질투는 장소를 가리지 않는다

정의와 평등을 지향하는 정치철학자나 사상가는 질투가 없는 완전히 조화로운 사회를 꿈꾼다. 그들은 질투가 공정함을 왜곡한다고 생각한다. 과연 정말 그러할까? 애초에 질투 없는 사회가 존재하긴 할까? 여기서는 몇 가지 극단적인 예를 살펴보려 한다.

예시카 하우스너Jessica Hausner감독의 영화 〈루르드〉(2009)(그림3, 다음 쪽)는 기적을 둘러싼 사람들의 미묘한 심리를 인상적인 방식으로 그려낸다. 프랑스 남서부에 있는 루르드 샘물은 사람들의 난치병을 치유한다고 알려진 가톨릭 성지 중 한 곳이다. 이야기 주인공은 다발성경화증을 앓으며 휠체어 생활을 하는 크리스틴으로, 그녀 또한 기적을 바라는 순례자이다.

순례 마지막 날의 바로 전날, 기적은 갑자기 찾아왔다. 크리스틴이 침대에서 천천히 일어나 자기 다리로 걷기 시작한 것이다. 이 기적을 목격한 다른 순례자들의 마음은 복잡하기만 하다. '신이시여, 어째서 제가 아니라 저 아이입니까?'

우리가 이 영화에서 주목할 부분은 이야기의 마지막, 춤을 추던 크리스틴이 갑자기 쓰러지는 장면이다. 사람들은 당황하면서도 크리스틴에게 일어난 기적이 그저 일시적인 것이었으며 그녀가 다시 걷지 못하게 될 것이라고 숙덕인다. 여기에는 분명 질투와 샤덴프로이데(타인의 불행에 기뻐하는 마음)가 있다. 사람들의 질투심은 순례지라는, 그 어떤 곳보다 신과 가까운 장소에서도 발생한다.

크리스틴에게 일어난 기적에 합리적 이유('다른 이보다 월등히 강한 신앙심'처럼 납득하기 쉬운 이유)는 없다. 크리스틴이 기적을 만난 건 단순한 우연이다. 기적에 필연성이 없다는 것, 그 완전한 우연성이 사람들의 질투심을 더욱 자극하는 것이다.

그림 3. 예시카 하우스너 감독, 〈루르드〉(2009) 제66회 베니스 국제영화제 국제비평가연맹상 등 국제 유수 영화제에서 7개 상을 받았다.
ⓒcoop99 filmproduktion, Prevision Entertainment, Odd

공산주의와 질투 –
유리 올레샤의 《질투》

그렇다면 경제적 격차를 최대한 없애고 평등을 지향하는 공산주의 사회에서는 어떨까? 최근 공산주의에 관한 논의가 활발하게 이루어지고 있는데, 과연 경제 상태의 평등화는 질투 문제를 잘 해결할 수 있을까?

유리 올레샤Yuri Olesha의 대표작 《질투》(1927)는 1920년대 후반의 모스크바를 무대로 하여 구시대에서 새 시대로의 변화를 그 갈등과 함께 그려낸 작품이다.

주인공인 카발레로프(등장인물은 올레샤의 자전적 인물이라고도 알려져 있다)는 러시아 혁명으로 인해 몰락한 지식인

청년이며 조금 비뚤어진 성격의 소유자로, 아무에게도(사물에조차) 사랑받지 못함을 한탄한다. 이야기 앞부분에 다음과 같은 재미있는 표현이 나온다.

> 물건은 나를 사랑해 주지 않는다. 가구는 내게 발길질할 기회를 엿보고 있다. 언제였던가, 니스칠한 모서리가 말 그대로 내게 달려들었다. 나와 수건과의 관계는 언제나 평온치 않다. 내 앞에 놓인 수프는 아무리 시간이 지나도 식을 줄 모른다. 사소한 무언가-돈이나 커프스단추 따위-가 책상에서 떨어지면 어김없이 그것은 치우기 힘든 가구 아래로 굴러 들어간다. 나는 바닥을 긴다. 그리고 고개를 들면 내게 냉소 짓는 식기 선반이 보인다.[18]

술집에서 소동에 말려 길거리에 쓰러져 있던 카발레로프를 소련 정부의 고위 간부이자 식품공업 트러스트장(높은 직급의 사람, 새 시대를 상징하는 인물)인 안드레이 바비체프가 데려가 사설 비서로 고용한다. 그러던 중, 카발레로프는 안드레이의 행동 하나하나에 굴욕을 느끼며 안드레이의 당당한 활약상에 점차 질투심을 품는다.

카발레로프는 안드레이가 자신을 왜 데려왔는지 그 이유를 알고 있다. 카발레로프를 일시적으로 집에 두는 건 새로운 인간을 상징하는 존재로서, 잠시 집을 비운 양자 마카로프를 대신하기 위함이었다. 마카로프가 돌아오면 자신은 곧바로 쫓겨나리라 생각한 카발레로프는 안드레이를 향한 증오를 키워가다가 결국 증오에 찬 편지를 쓴다.

카발레로프에게 안드레이의 형 이반의 존재가 매우 중요한 역할을 하는데 이반도 안드레이를 향한 고통스러운 마음을 안고 있는 인물이다. 안드레이가 대표하는 새로운 세대에 대한 질투를 이반은 다음과 같이 이야기한다.

"이보시오, 우리는 질투의 먹이가 되었소. 우리는 미래 시대를 질투하는 겁니다. 노년의 질투라 불러도 좋겠지요. 노쇠한 어느 세대의 질투 말이요. 자, 이 질투를 한번 논해봅시다"[19]

"그럼요, 질투이고말고요. 오랜 시간 인류의 통곡, 환희, 동정, 분노를 불러일으킬 역사 극장에서 장대한 드라마 하나가 여기 펼쳐지고 있습니다. 당신 자신은 깨닫지 못하더라도 당신은 역사적 사명을 띠고 있어요. 말하자면, 당신은 질투 덩어리입니다. 멸망해 가는 세기의 질투 덩어리입니다. 멸망해 가는 세기가 자신에게 일어나는 변화를 질투하는 것입니다."[20]

새 시대를 향한 구시대의 질투, 새사람을 향한 옛사람의 질투이다. 이반이 예심 판사에게 말한 바에 따르면, 질투와 연민 같은 감정은 구시대에 속한 것이며 새 시대(즉, 사회주의)에 그런 감정은 과거의 유물에 지나지 않는다. 그리고 이반은, 자신은 속물적 국왕이 되어 감정의 음모, 감정의 평화로운 시연, 감정의 열병식을 하고 있다고 말한다. 이반이 "나는 고풍스러운 인간 감정의 마지막 열병식을 거행하는 명예를 얻었습니다"라고 하자 예심 판사는 그런 감정의 소유자를 발견했느냐고 이반에게 묻는다. "딱 한 사람, 니콜라이 카발레로프, 질투의 소유자입니다"라고 이반은 답한다.

여기서 이반의 진술이 흥미로운 이유는 질투를 '부끄러워해야 할 감정'으로 묘사하지 않는다는 데 있다. 오히려 그는 과거 시대의 유산을 어딘가 소중히 여기듯이 질투를 논한다.[21]

게다가 마지막 장면에서 이반은 질투의 먹이가 된 카발레로프에게 이렇게 말한다. 질투의 해결책으로는 무관심밖에 없다고 말하는 듯하다.

"자, 마십시다. 카발레로프 씨. 감정에 대해 꽤 많은 이야기를 나눴네요. 그런데 당신은 가장 중요한 것을 잊고 있습니다. 무관심 말입니다. 사실 그렇지 않습니까? 내 생각에는 무관심이야말로 인간의 가장 훌륭한 능력입니다. 무관심 합시다. 그리고 카발레로프 씨! 아, 미안합니다. 우리는 지금 휴식을 얻지 않았습니까? 자, 마십시다. 무관심을 위해 건배!"[22]

약자의 정의

올레샤는 사회주의가 여는 새 시대에는 질투 같은 경박

한 감정은 퇴장할 것이라고 등장인물의 입을 빌려 말한다. 확실히 사회주의와 공산주의 아래서 경제적 평등이 실현되면 사람들 사이의 비교도 없어지고 질투도 사라지리라 생각했을지도 모른다. 과연 정말 그럴까?

이 문제를 고찰하기 위해 사회주의는 아니지만, 일종의 평등에 도달한 상황을 참고해 보고자 한다. 유토피아 같은 평등 상태가 아니라 정반대의 평등 상태, 바로 '수용소'가 그 무대이다.

시베리아에서 억류된 경험이 있는 시인 이시하라 요시로石原吉郎에 따르면, 당시 수용소에 수감된 사람들 사이에서는 담배나 일본제 바늘이 일종의 통화로서 유통되고 있었는데 한편으로는 그런 행위와 관련된 밀고가 끊이지 않았다고 한다. 밀고자 대부분은 담배와 바늘을 만질 수 없던 노인이나 병자였다고 한다. 이시하라는 '아무 이익도 되지 않는, 반사적이고 충동적으로 보이는' 밀고라는 행위의 동기가 질투였다고 말한다. 이시하라는 밀고자의 심리에 대해서 '강자의 지혜가 아무렇지 않게 약자를 생존권 밖에 방치할 때, 강자를 약자가 있는 곳으로 다시 끌어오기 위해 약자는 권력에 기대는 수밖에 없다'고 설명한다. 수용소라는 극한상황에서는 언뜻 사사로워 보이는 질투가 치명적으로 작용한다.

> 단순한 질투, '단순하다'는 표현에는 정정이 필요하다. 라게리 수용소에서 질투는 단순히 약자의 잠재적 공격성에 관련된 감정이 아니다. 그것은 강제수용소라는 인간 불신 체계의 근원을 묻는 중대한 감정이다.[23]

그런데 기묘하게도 라게리 수인에게 생존 조건의 악화는 타인이 자신과 동일한 상황에 있는 한 일종의 안도감을 동반했다. '나도 괴롭지만, 저 사람도 마찬가지'라는 마음이다. 그러나 혹은 그래서 더욱, 수감된 사람들 사이에서 평등을 향한 희망과 요구는 극한으로 높아져 그들은 담배 한 개비, 바늘 하나의 불평등을 참지 못한다. 다음 구절은 단락 전체를 인용할 가치가 충분히 있다.

> 바늘 하나에 걸린 생존의 유불리에 대한 수인의 직감

은 무서우리만큼 정확하다. 자기 자신의 불리함을 푸 념하기보다 주저 없이 타인의 우위를 고발하는 쪽을 선택한다. 그것이 자신의 생존 조건을 조금도 바꾸지 않더라도 옆 사람이 확실하게 유리한 조건을 획득한 것을 용납하지 못한다. 생존을 위해서는 최저 수준에 서 '평등'해야 하며 완전히 균등해야 한다는 것이 그 들이 가진 도덕성의 한계선이다. 여기서 질투는 결국 정의에 가까운 감정으로 변화한다.[24]

앞에서 밝혔듯이 이것은 다소 극단적인 예지만, 그래서 더욱 질투의 보편성을 증명한다고도 볼 수 있다. 질투는 장소를 가리지 않고 어떤 사사로운 차이도 놓치지 않는다.

이스라엘의 키부츠에서 일어난
'평등주의 딜레마'

비슷한 사례를 키부츠에서도 살펴볼 수 있다. 키부츠는 이스라엘의 농업공동체로서, 20세기 초에 시작되어 시오니즘 운동(유대인들이 팔레스타인에 유대 국가를 건설하는 것을 목표로 전개한 민족주의 운동 - 옮긴이)이나 마르크스주의(마르크스와 엥겔스가 확립한 혁명적 사회주의 이론. 또는 그에 바탕을 둔 사회 운동 - 옮긴이)와 연결되어 발전하였는데 한때는 여러 규모의 다양한 키부츠가 200개 넘게 존재했다고 한다. 키부츠에서는 재산을 공동소유하고 아이도 집단 양육하는 등 공동생활이 이루어진다. 특히 키부츠 운동 초기에는 작업과 속옷까지 공유물로 보며 철저한 평등이 실천되었다.[25] 이른바, 키부츠는 일종의 공산주의적 유토피아의 실험장이다.

키부츠의 철저한 평등주의는 공동체에서 상호 질투심을 해소하는 데 성공했을까? 키부츠에서 생활하는 사람들은 경쟁적 사회와 어느 정도 단절되어 있고 경제적 승자나 패자로 나뉘지 않는다. 게다가 일반적으로 질투자는 질투 대상의 특정 부분에만 관심을 집중하기 마련인데 키부츠처럼 좁은 사회에서는 상대의 다양한 사정을 파악하기 쉽다는 점이 어느 정도 질투심을 억제하기도 한다. 예를 들면, 누구나 부러워하는 미모의 소유자가 있다고 해도 사실은 그가 가족 병간호 때문에 고생하고 있다는 사실을 알면 질투심은 동정심에 자리를 내어준다.

그러나 아론 벤지이브Aaron Ben-Ze'ev의 분석에 따르면, 키부츠처럼 닫힌 사회에서는 사람들의 질투심을 강화하는 요소가 더욱 크게 작용한다. 눈에 보이는 불평등이 사라질수록 사소한 차이가 눈에 띄기 쉬워진다. 사람들이 물리적으로 가깝고 개인적으로 접촉할 기회가 많으면 한번 발생한 질투심을 끊임없이 의식하게 된다. 또, 개인의 출신 배경과 교육 환경이 똑같다면 자신의 낮은 위치를 누군가의 탓으로 하기가 어려워진다. 이런 상황은 자존감을 크게 상처입힌다. 그리고 키부츠처럼 작은 공동체에서는 누군가의 이익이 누군가의 손실로 직결되기도 한다. 이런 사항들을 고려해볼 때, 격차가 적은 공동체라고 해서 질투심이 적어진다고 볼 수는 없다. 여기서도 이웃 사랑neighbor love이 아닌, 이웃 질투neighborhood envy가 여전히 문제이다.[26]

키부츠에서 질투의 존재를 의심하게 만드는 존재는 또 있다. '평등주의의 딜레마'가 바로 그것이다. 예를 들어, 아무리 평등한 사회라도 공동체에는 중요한 의사결정이나 외부와의 교섭을 담당하는 대표자와 전문가 같은 존재가 필요하다. 만약 그런 권위 있는 자리에 금전적 인센티브가 크다면 그것이 그 자리를 맡는 동기가 될 수 있다. 쉽게 이해가 가는 부분이다. 그런데 금전적 유인책이 존재하지 않는 키부츠 같은 사회라면 어떨까? 사람들은 의심하게 된다. '왜 저자는 가족과의 시간을 희생하면서까지 굳이 저일을 맡았을까?', '돈 한 푼 되지 않는 역할을 자진해서 맡다니 무슨 꿍꿍이가 있는 게 아닐까?' 그런 의심들이 사람들 가슴에 싹트기 시작한다. 결과적으로 그런 의심의 눈초리를 견디지 못하고 아무도 책임 있는 역할을 맡지 않게 되거나 늘 같은 사람이 권력을 가지도록 용인하게 된다.[27]

현대 공산주의론이 간과하는 것

평등주의적 유토피아를 지향하는 키부츠에서도 질투를 극복하기는 쉽지 않은 듯하다. 오히려 공산주의라는 '평등주의 유토피아'가 '질투의 디스토피아'를 불러올 가능성마저 있다. 경제적 평등과 공동소유가 실현되면 우리는 이웃의 생활 모습이나 자기보다 더 나은 대우를 받는 동료 때문에 속 끓이는 일은 없어질지도 모른다. 그래도 질투는 사라지지 않는다. 쉐크는 매우 불길한 이야기를 한다.

아이, 결혼의 행복 등을 참을 수 있는 건 타인의 수

입, 집, 차, 여행에 질투함으로써만 가능하다. 물질적 요인이 질투에 대한 사회적으로 필요한 장벽을 형성하여, 신체적인 공격에서 그 인물을 보호한다.[28]

　설령 공산주의가 사람들의 경제 상황과 생활 수준을 균등하게 하는 데 성공하더라도 질투는 또 다른 차이로 옮겨갈 것이다. 그리고 그것은 이전보다 훨씬 음침하고 위험한 성격을 띨 가능성이 크다.

　오늘날 공산주의를 둘러싼 논의에서 이런 질투의 문제가 간과되고 있지는 않은지 살펴볼 필요가 있다. 생활에 직결되는 기술 자원을 자본에서 분리하여 공공재로서 민주적으로 관리하면 그때까지 보이지 않던 차이가 갑자기 두드러지게 나타난다. 그리고 그 불온한 감정은 다시금 사람들을 부추겨 사회주의 프로젝트의 발목을 잡을 가능성이 있다. 현대 좌파의 컨센서스라 할 수 있는 포스트 자본주의는 이런 부정적 감정을 어떤 식으로든 마주해야 할 것이다.

제5장

질투와 민주주의

수평화하려는 인간은 결코 평등을 불러오지 않는다.
말 그대로이다. 다양한 시민으로 구성된 사회라면
어디든 어느 직업계급이 최상위에 서 있어야 한다.
수평주의자들은 자연스러운 사물의 질서를 바꾸고
왜곡하는 일 외에는 아무것도 하지 않는다.

- 에드먼드 버크 Edmund Burke 《프랑스 혁명에 관한 성찰》[1]

질투는 민주주의에 해가 되는가

제4장에서 살펴봤듯이 롤스는 사회에서 질투의 위협을 인지하나 그 존재를 억압해 버린다. 그 결과, 사회에서 질투의 위력을 위험시하면서도 그 성가신 성질에 대해 충분히 고려하지 않았다는 비판을 받았다고 요약할 수 있겠다. 질투는 격차를 해소한다고 해서 소멸되는 것이 아니다. 질투의 이런 특징을 로버트 노직Robert Nozick은 '질투 보존의 원리conservation of envy'라고 표현했다.[2]

롤스의 공정한 사회에서는 거의 등장 금지 취급을 받았으나, 일반적으로 질투심은 민주주의에서 유래했으며 민주주의를 부패시키는 존재로 여겨졌다. 정치철학자 마사 누스바움은 민주주의가 시작된 이래 질투는 민주주의를 위협해 왔다고 말한다.[3]

민주주의가 건전하게 기능하는 데 있어서, 질투는 분명 다루기 힘든 존재이다. 민주주의에서는 타자와의 신뢰 관계가 불가결한데 사람들이 이웃의 발목을 잡아끌기만 해서는 잘될 일도 잘될 수가 없기 때문이다. 개인뿐만 아니라, 단체도 마찬가지이다. 본래라면, 연대하여 함께 전진하는 편이 나을 듯한 단체들 사이의 분쟁도 알고 보면, 고매한 이념의 충돌보다 관계자들의 질투심과 체면 때문에 발생하는 경우가 드물지 않다. 그러니 민주사회를 유지하기 위해서라도 질투를 억제하고 통제하는 일은 꼭 필요하다.

민주사회에서 진가를 발휘하는 질투

자세히 검토하다 보면, '질투는 민주사회에 유해하니 전혀 존재하지 않는 편이 바람직한가?'라는 의문에 '그렇다'라고 딱 잘라서 말하기가 어려워진다. 이것이 이번 장에서 탐색하고자 하는 '질투의 아이러니'이다. 질투와 민주주의 사이에는 아무래도 심상치 않은 연결고리가 있는 듯하다. 민주사회에서 질투심이 단순한 유해물이 아니라면, 대체 어떤 의의가 있을까?

결론부터 간단히 밝혀두겠다. 지나친 질투는 타자에 대한 신뢰를 손상하고 사회를 분단하므로 민주주의를 위협하는 존재가 확실하다. 다만, 지금까지 살펴본 바로 쉽게 상상할 수 있듯이 사실 질투는 민주사회에서 제 실력을 발휘한다. 더 정확히 말하면, 민주주의 사회는 사람들의 질투심을 더욱 격하게 유발하고 그 감정을 사회 안으로 불러들인다. 이번 장에서는 질투와 민주주의의 관계를 고찰하는데, 단순히 질투를 억누르는 방법에 대해 논하기 위해서가 아니다. 질투의 양면성을 밝힘으로써 질투라는 감정을 다루는 방식을 근본부터 뒤흔드는 데 그 목적이 있다.

민주주의란 무엇인가

본격적인 고찰에 앞서, 민주주의가 무엇인지 확인해 둘 필요가 있다.

민주주의라 하면, 다수결과 선거를 가장 먼저 떠올릴지도 모른다. 현재 민주주의가 어떤 식으로 운용되는지 이해하는 관점에서 본다면 틀리지 않는다. 그러나 이 두 가지가 민주주의의 전부라고 생각해서는 안 된다. 민주주의에는 이 밖에도 중요한 특징이 많은데 숙의, 대화, 참가, 다원주의, 위정자를 향한 이의 신청 등 매우 다양한 측면이 있다(자세한 내용은 저자의 책 《현대 민주주의現代民主主義》(中公新

書, 2021)를 참조하기 바란다).

민주주의에 대해 어떤 입장을 취하든, 가장 기본적인 가치관 중 하나가 '평등'이라는 데 반대할 사람은 아마 없을 것이다. 민주주의 체제 아래서는 부유하든 가난하든 동등하게 (직간접적으로) 정치적 참가가 인정된다. 이것은 고대 민주주의에서도 마찬가지이다. 예를 들면, 시민의 평등을 강조했던 고대 그리스 정치가 페리클레스의 연설은 민주주의 교재에서 빠지지 않는다.

> 우리의 정치 체제는 타국의 제도를 추구하는 것이 아니다. 인간의 이상을 좇는 것이 아니라 사람으로 하여금 우리의 모범을 배우게 하려는 것이다. 소수자의 독점을 배제하고 다수자의 공평을 지키는 것을 취지로 하여, 그 이름은 민주정치라 한다. 우리나라에서는 개인 간 분쟁이 발생하면, 법률에 따라 모든 사람이 평등한 발언이 인정된다. 그러나 한 사람의 뛰어난 재능이 세상에 알려지면, 무차별한 평등의 이치를 배제하고 세상 사람이 인정하는 그 사람의 능력에

따라 공적으로 높은 지위를 부여받는다. 또 빈곤에서 벗어나려 할 때도 폴리스에 이익이 되는 힘을 가진 사람이면 빈곤 때문에 길을 빼앗기는 일은 없다. 우리는 어디까지나 자유롭고 떳떳한 길을 가지며, 또 매일 서로 의심의 눈길을 두려워하지 않고 자유로운 생활을 누린다.[4]

이런 시민 간 평등의 이념은 근대 이래 민주주의론에 공통되는 특징이다. 예를 들면, 19세기 초 프랑스 사상가인 알렉시스 드 토크빌Alexis de Tocqueville은 7월 혁명(1830년 7월 프랑스에서 일어난 혁명. 혁명 결과 성립된 보수적·억압적 왕정은 1848년 2월 혁명으로 붕괴되었다. - 옮긴이)을 계기로 미국을 방문하고 새롭게 태어난 지 얼마 안 된 민주주의를 현지에서 관찰했다. 그곳에서 그는 계층 간 평등화 과정인 민주주의가 곧 유럽으로도 퍼질 것은 바꾸기 힘든 역사적 경향이라고 파악했다.

고대 민주주의와 근대 이래 민주주의가 많은 부분 다르다고 해도, 평등을 하나의 이상으로 꼽는 점에서는 일치

한다. 실제로는 아무리 다양한 불평등이 횡행해도, 우리는 민주사회에서 적어도 형식상 누구나 동등한 정치적 권리를 가져야 함을 부정하지 않는다.

질투심 배출구로서의 도편추방

민주주의가 걸어온 역사를 짚어볼 때 고대 그리스 도시국가 아테네가 자주 거론된다. 아테네의 민주주의는 시민이 대등한 입장에서 정치적으로 참여할 수 있었을 뿐만 아니라, 민주정을 유지하기 위한 특징적 제도를 갖추고 있었다.

그런 제도의 하나로서, 여기서는 '도편추방(오스트라시즘)'을 살펴보고자 한다. 도편추방은 고대 그리스의 도시국가 아테네에서 참주가 될 위험이 있는 인물을 일정 기간 폴리스에서 추방하는 제도인데 기원전 508년 클레이스테네스Cleisthenes(고대 그리스 민주정을 확립한 아테네의 정치가 - 옮긴이) 개혁에서 도입되었다고 한다. 교과서적인 설명에 따르면, 도편추방은 참주의 출현을 방지하고 민주적 평등을 유지하기 위한 고대 그리스의 독자적 제도로서, '위법제안에 대한 고소Graphe paranomon'와 나란히 소개되는 일이 많다.

도편추방은 대부분 다음과 같은 절차로 진행되었다. 아테네의 시민단체는 연 1회, 도편추방 투표 시행 여부를 투표로 결정한다. 이에 따라 시행이 정해지면 시민들은 2개월 후 다시 모여서 '오스트라콘'이라는 도기 조각에 추방하고자 하는 사람의 이름을 적어서 투표장에 던진다. 투표수가 총 6천 명에 달하지 않으면 무효가 되고 그중 이름이 가장 많이 적힌 사람은 10년 동안 추방된다.*

이번 장에서는 도편추방이 민주정치를 유지하는 제도였을 뿐만 아니라 민중의 질투 배출구였다는 점에 주목하고자 한다. 쇠렌 키르케고르Soren Kierkegaard는 '그리스에서 도편추방은 질투를 표현하는 하나의 방식이었다. 걸출한 자에 저항하기 위한 일종의 자기방어 수단이었다'라고 지적한다.[5] 다시 말해서, 도편추방은 질투의 과도한 표출을 억누르는 장치로, 이른바 민중의 질투를 누그러뜨리는 역할을 했다고 볼 수 있다.

● 더 상세한 설명에 대해서는 Sara Forsdyke, Exile, Ostracism, and Democracy: The Politics of Expulsion in Ancient Greece(Princeton University Press, 2005, Chap.4)를 참조.

아리스티데스의 추방 – 플루타르코스

이와 관련하여 플루타르코스가 아리스티데스Aristides에 대해 언급한 내용을 살펴보자. 아리스티데스는 '공정한 사람'이라고 불렸으나 점차 사람들의 질투를 사게 되었다. 급기야 민중은 그를 도편추방제로 내쫓으려 했는데 플루타르코스는 이에 대해 '그의 명성에 대한 질투심을 참주지배 공포라는 명분의 그림자에 애써 감추려 하는 것'이라고 평가한다.[6] 여기서도 도편추방은 비대해진 권력을 끌어내리는 제도라기보다 '민중의 질투심을 달래는 수단'처럼 보인다.

플루타르코스는 아리스티데스와 '시골 남성'과의 일화를 다음과 같이 전한다.

아테네 사람들이 아리스티데스를 추방하려고 도편에 이름을 적고 있을 때 누가 봐도 방금 시골에서 온 것 같은 남자가 아리스티데스를 그냥 지나는 사람이라 생각하고 도편을 건네며 "여보시오, 이것에 아리스티데스라고 적어주지 않겠소?" 하고 부탁했다고 한다. 아리스티데스가 깜짝 놀라서 "아리스티데스가 당신에게 뭔가 심한 짓을 했는가?" 하고 묻자, "아니, 아무것도 안 했소. 난 원래 그런 사람은 알지도 못했는데 어디를 가든 공정한 사람, 공정한 사람, 하고 그 사람 얘기를 자꾸 듣다 보니 화가 나서 그런다오" 하고 시골 남자는 답했다. 이를 듣고 아리스티데스는 아무 대꾸도 못 하고 자기 이름을 적어서 남자에게 돌려주었다고 한다.[7]

결국 아리스티데스의 추방은 정해졌다. 플루타르코스

는 이 외에도 비슷한 이야기를 전한다. 예를 들면 테미스토클레스Themistocles에 대해서는, '도편추방은 형벌이 아니라, 질투심의 위안이자 경감이다. 질투심은 두각을 나타내는 자의 머리를 찍어 누르는 일에 쾌재를 부르고, 그 언짢은 마음을 시민적 박탈이라는 형식으로 나타내며 발산시킨다'[8]고 말한다. 도편추방이 질투심을 달래는 용도라고 한층 확실하게 표현하고 있다.

다만, 도편추방이 질투의 배출구였다는 플루타르코스의 주장을 어디까지 진실로 받아들여도 좋을지 판단하기엔 다소 모호한 부분이 있다. 플루타르코스는 자기보다 1~2세기 전에 일어난 일을 기술하고 있으므로 그 해석에 동시대적 증거가 빈약하다는 지적도 있다.[9] 역사학자 사토 노보루佐藤昇도 플루타르코스가 그의 동시대적 관심, 즉 '대중의 질투심은 정치가에게 가장 경계해야 할 것 중 하나다'라는 문제의식을 과거의 도편추방제에 투영했을 가능성이 있다고 지적한다.[10] 그러므로 우리도 플루타르코스의 논설에 대해서는 이런 부분을 고려하여 판단을 유보하며 검토할 필요가 있다.

그렇다 하더라도 민주주의의 원초적 제도에 이미 질투가 각인되어 있었다는 것(적어도 플루타르코스가 보기에는)은 질투와 민주주의의 관계를 고찰하는 데 매우 시사적이다.

질투와 민주주의의 관계는 단순히 민주주의의 외부에 질투가 붙어있는 형태가 아니다. 오히려 떼려야 뗄 수 없는 강한 유대로 얽혀있다고 보는 편이 맞을 것이다.

질투와 평등

앞에서도 언급했듯이 민주주의의 중심적 가치에 평등이 있다는 점은 분명하다. 평등 원리의 실현은 지금까지 많은 제도 안에서 다양한 방법으로 시도되었다. 예를 들면, 개인이 평등하게 선거권을 갖게 된 것, 시민에게는 동등한 정치 참여가 인정되어야 한다는 것, 정치 영역에서 시민은 평등한 입장에서 의론할 수 있다는 것 등이다. 시민 간 정치적 평등은 민주주의의 대원칙이라 할 수 있다. 현대 정치 철학에서도 '평등이란 무엇인가'에 대해 다양한 의론이 전개되어 왔다.

그러나 정신분석의 창시자 지그문트 프로이트Sigmund Freud의 통찰에는, 평등과 공정을 향한 요구에 사실은 온당치 않은 감정이 숨어있다고 폭로하는 듯한 불온함이 엿보인다.

프로이트는 《집단 심리학과 자아 분석》에서 '공연이 끝난 후 가수와 피아니스트 주변에 몰려드는 열광적인 부인들과 소녀들'의 예를 든다. 프로이트에 따르면, 그녀들은 앞다투어 스타와 가까워지길 바라다가 어느샌가 집단으로 일체화되어 다 같이 평등하게 스타의 존재를 공유하는 것을 기뻐한다. 프로이트는 이런 경험적 사실을 일반화하며 다음과 같이 서술한다.

사회에서 공동 정신gemeingiest, 단체 정신esprit de corps 등의 형태로 작용하는 것 또한 본래 질투에서 유래했음을 부정하기는 어렵다. 아무도 두각을 나타내려고 해서는 안 된다. 모두가 똑같아야 하며 똑같이 가져야한다. 사회적 공정이란, 자신이 많은 것을 단념하니타인도 그것을 단념해야 하고 타인도 그것을 요구해

서는 안 된다는 것을 의미한다.[11]

여기에는 '내가 편애받을 수 없다면, 우리 중 다른 누구도 편애받아서는 안 된다'[12]라는, 공정함과는 어울리지 않는 시커먼 감정이 꿈틀댄다. 프로이트의 이런 통찰, 즉 사회적 공정과 평등의 관념이 질투에 근거한다는 통찰은 정의를 중심으로 구상된 현대 정치 철학을 다소 불안하게 만든다.

롤스와 프로이트

정의와 평등을 향한 요구는 질투 그 자체에서 발생한 것이 아닐까?[*] 사실 이런 의문은 결코 갑작스러운 것이 아니다. 다름 아닌 롤스 본인도 이 문제를 진지하게 고려한 듯하다. 다시 한번 롤스의 의론으로 돌아가 보자.

《정의론》의 질투에 관한 고찰 후반부, 프로이트의 의론을 검토한 부분에서 이와 관련한 롤스의 생각을 확인할 수 있다. 이 부분은 방대한 《정의론》에서 프로이트가 언급된

● 평등의 요구와 질투심의 관계에 관한 최신 연구로서, Jordan Walters, "The Aptness of Envy"(American Journal of Political Science, Vol.1 No.1, 2023)를 든다.

몇 안 되는 부분 중 하나이다. 프로이트는 공정함에 대한 감각이 질투에 기인한다고 지적했는데 롤스에 따르면 이런 프로이트의 주장은 '근거가 희박한 단언'에 지나지 않는다. 정의를 향한 요구는 질투가 아니라 '분개'라는 도덕 감정에 기인한다고 볼 수 있으며 이를 판단하기 위해서는 정의 구상과 사회 상황에 관한 사람들의 이해를 신중하게 살펴봐야 한다고 롤스는 반박한다.

그러나 롤스의 반론은 프로이트의 주장을 격퇴할 정도로 결정적이지는 않다. 정의가 진정 질투가 몸을 숨기는 곳에 불과한지, 결론은 여전히 보류된 상태이다. 롤스는 프로이트의 의견을 단순히 외재적이고 엉뚱한 것으로 치부할 수는 없었다. '프로이트의 비판은 공정의 정의 이론을 정면에서 가로막으며 정의 이론 자체가 처음부터 질투에 오염되었다고 말하는 것'이었기에 확실히 마주하고 응답할 필요가 있었을 것이다. 거듭 강조하건대, 질투라는 강렬한 부정적 감정은 롤스의 정의 구상의 취약점을 명확하게 지목하고 있다.

질투를 정의로 위장한다

정의와 평등을 향한 요구에 추악한 질투심이 달라붙어 있을지도 모른다는 의심은 보수적인 정치가들 사이에서 꾸준히 제기되어 왔다.

예를 들어, 헬무트 쉐크는 이런 의문을 공유하며 다음과 같이 말한다.

> 평등한 사회를 꿈꾸는 유토피아적 욕망은 어디에서 기인할까? 자기 안의 질투심 또는 자기보다 생활 수준이 낮은 동년배의 질투심과 타협할 수 없다는 동기, 오로지 그것밖에는 없다.[13]

우리는 질투를 하는 것도 받는 것도 견디지 못한다. 그래서 평등한 사회를 꿈꾸는 것이다. 아마도 쉐크는 그런 식으로 생각한 듯하다.

윈스턴 처칠Winston Churchill 또한 '사회주의란 패배자의 철학, 무지한 자의 종교, 질투를 향한 복음일 뿐이다'라고 했으며 하이에크 또한 '이 감정(질투심)을 만족시키고 사회정의라는 존경해야 할 겉모습으로 위장하는 현대 사회의 경향은 자유를 대단히 위협하는 존재로 발전하고 있다'고 말했다. 이런 견해에서 보자면, 평등을 바라는 사회주의란 '타인보다 건강한 몸, 명랑한 기질, 잘 맞는 배우자, 듬직한 자녀를 아무도 갖지 못하게 하는'[14] 정치 체제일 뿐이다.

질투는 정의와 공정으로 신분을 위장하고 상대를 '끌어내림'으로써 자신을 위로한다. 이런 식의 의심은 평등 실현과 격차 해소를 외치는 현대의 리버럴 좌파에게는 어딘가 마음이 불편한 문제일 것이다.

토크빌《미국의 민주주의》

평등과 공정의 본성이 질투인지 아닌지에 대한 결론은 제쳐두기로 하자. 지금 우리로서는 기껏해야 '질투가 얽혀 있는 경우도 있고, 그렇지 않은 경우도 있다'라는 정도에 머물 뿐이다.

그런데 민주주의가 요구하는 평등의 이념은 다른 방식으로도 질투와 관련이 있다. 민주화가 가져온 평등 의식은 사람들 간의 비교를 폭발적으로 확대시켰다. 평등함에 대해 인식하자마자 사람들은 서로를 비교하기 시작했기 때문이다.

이 문제를 고찰하기 위해 알렉시스 드 토크빌Alexis de Tocqueville의 사유를 살펴보고자 한다. 토크빌은 그의 대표작《미국의 민주주의》(1835)에서 신대륙에서 새롭게 태어난 정치 체제의 특징을 그려내며 민주적 평등이 사람들 사이에 질투심을 불러온다고 지적한다.

토크빌에 따르면, 봉건제 해체와 평등화 과정이 진행되면서 사회적 상하 관계와 권위는 점점 부정되었다. 이런 식의 '모든 조건의 평등'으로서의 민주주의는 피할 수 없는 역사적 흐름이었으며, 이 평등화는 미국에 한정된 것이 아니라 과거 700년 유럽 민주화의 연장선이기도 했다.

그런 역사의 필연적 흐름인 민주주의와 평등 이념이 사람들 사이에 질투심을 유발한다고 토크빌은 말한다.

민주주의 제도가 사람들 마음에 질투라는 정념을 자라게 만든다는 사실을 모른 척해서는 안 된다. 질투가 자라는 이유는 민주적 제도가 개인에게 타인과 동등해질 수단을 제공해서가 아니라, 그런 수단들이 이용자의 기대를 끊임없이 배반하기 때문이다. 민주주의 제도는 평등 개념을 깨닫게 하고 그것을 추종하지만 결코 완전하게 충족시킬 수는 없다. 완전한 평등은 민중이 그것을 손에 넣었다고 생각한 순간, 손밖으로 빠져나가 파스칼의 말처럼 영원히 도주를 반복한다. 인식할 수 있을 만큼 가깝지만 맛보기에는 너무 멀어서 더욱 귀중하게 느껴지는 이 행복을 얻으려고 민중은 몰두한다. 성공에 대한 소망이 그들을 몰아붙이지만 불확실한 승리는 그들을 초조하게 만든다. 그들은 흥분하고, 지치고, 분개한다.[15]

정치학자 우노 시게키宇野重規가 지적하듯이, 이 과정에서 '상상력'이 담당하는 역할은 결정적이다. 평등화 이전 사회에서 사람들은 주인을 비교 대상으로 보지 않았다. 그런 불평등한 상황에 특별한 정당화가 필요하다고 여기지 않았으므로 주인에 대한 질투가 발생하지도 않았다. 그러나 일단 '타자를 자신의 동료로 보는 상상력'[16]이 발휘되어 주인과 자신 모두 똑같은 인간이라는 점을 깨닫자 사람들은 정치적 경제적 등 여러 영역의 불평등에 불만을 느끼게 되었다. 이때 이런 불평등에 아무런 정통성이 없다는 것이 드러나고 이 '불평등을 정당화하는 데 특별한 이유가 필요해진 것'[17]이야말로 민주적 사회의 특징이라고 우노는 설명한다.

우노는 새로운 상상력을 갖춘 이런 인간을 '민주적 인간(호모 데모크라티쿠스)'이라 칭하는데 우리에게 이것은 '질투적 인간'이기도 하다. 질투는 동등한 자들 사이에서 발생하되 그때 반드시 최소한의 차이가 존재해야 한다는 점에 주목하자. 즉, 질투는 평등과 차이의 절묘한 균형 위에 성립하는 감정이다. 평등과 차이가 민주주의의 불가결한 구성 요소라면, 질투는 민주사회에서 피할 수 없는 존재가 된다.

바꿔 말하면, 질투 없는 사회란 사람들 사이에 차이가 전혀 없는 완전히 동질적인 사회, 또는 절대적인 차이 아래서 일체의 비교를 허락지 않는 전근대적 사회, 둘 중 하나일 것이다. 그러면 질투는 민주주의의 조건이자 결과인 셈이다. 그러므로 '민주사회에서 질투를 도려내야 한다'라는 식의 단순한 결론을 내릴 수는 없다.

이동성을 향한 질투 - 가산 하게

아무리 질투가 민주사회의 숙명이라 해도 질투를 마냥 내버려 둘 수는 없다. 때로는 질투가 사람들 사이에 적대심을 조장하고 사회적으로 심각한 분단을 유발하기 때문이다. 소셜미디어 내에서 당파 대립이 심해지고 과격한 욕설이 오가는 등 건설적인 대화가 거의 성립되지 않는 현실만 봐도 그러하다.

더 심한 문제는, 질투심이 인종차별주의로 이어지는 경우이다. 호주 인류학자인 가산 하게Ghassan Hage는 현대 사회의 위기를 비판적으로 검토하며 인종차별주의에 관해 흥미로운 분석을 내놓는다. 하게에 따르면, '개선 가능성이 있는 인생', 즉 인생에 희망을 품으려면 그 사람이 '어딘가로 향해가는 느낌', 앞으로 나아가고 있다는 감각(그는 이것을 '상상적 이동성imaginary mobility'이라 부른다)이 필요하다. 여기에는 새로운 땅으로 이주하거나 새로운 직업을 찾는 것부터 새로운 파트너와의 생활이나 사회적 계층의 상승 등이 포함될 수 있다. 간단히 말해서, 인생 게임에서 자신의 말을 순조롭게 전진시키고 있다는 감각 같은 것이다. 어떤 의미에서 여행이나 관광은 이런 이동성의 허구적 경험일 수 있다. 현실에서 어디론가 이동할 수 없는 우리는 여행으로 다른 생활이나 인생에 대해 상상하며 생각을 여기저기로 움직인다.

그러나 현대적 위기 속에서 점점 많은 사람이 그런 이동성을 경험하기 어려워진다고 하게는 지적한다. 그리고 '어딘가로 나아가고 있다는 감각'이 없는 심리 상태를 '꽉 막힌 느낌stuckedness'[18]이라고 표현한다. 이것은 자신의 인생이 꽉 막혀있는 게 아닐까 의심하게 만드는 감각이다.

꽉 막힌 느낌

최근 많은 연구가 백인의 인종차별주의에 주목하고 있다. 하게는 이런 현상을 '꽉 막힌 느낌'과 그런 느낌을 유발하는 질투심에 결부시켜 고찰하며 '이동성에 향한 질투'라고 설명한다. 여기서 이동성은 공간적 이동뿐만 아니라 사회적 계층 상승 같은 실존적, 상징적 이동도 포함하는 개념이다.

예를 들어, 백인 인종차별주의자 옆집에 이사 온 이민자가 있다고 생각해 보자. 처음에 이민자는 오토바이를 구입한다. 시간이 흐르고 오토바이는 그리 비싸지 않은 자동차로 바뀐다. 그 모습을 본 옆집의 백인 인종차별주의자는 분개한다. 왜일까? 자동차 그 자체가 부러워서는 아니다. 자기가 더 좋은 자동차를 타기 때문이다. 그는 '자신이 한 장소에 갇혀 있다고 느낄 때, 오토바이에서 자동차로 바꿔 타는 이웃의 모습이 함의하는 이동성에 질투하는 것이다'.[19] 여기서는 이민자의 사회적 계층 상승(이동)이 자신의 좋지 못한 처지를 부각하게 만들어 인종차별주의자의 질투를 불러일으킨다.

이 책의 용어로 보자면 이것은 '하향 질투(열위자를 향한 질투)'라고 할 수 있다. 사회적으로 우위에 있는 주류가 자기보다 불리한 위치에 있는 소수자의 성공을 질투하는 것은 격차가 줄어들면서 자기 자신의 행복과 안심감이 위협받기 때문이다. 소외자 집단과의 거리가 줄어듦에 따라 인종차별주의자는 자신이 안정권에 있지 않다고 느끼기 때문에 소외자 집단의 전진을 참지 못하는 것이다.

질투와 수평화 - 키르케고르

질투와 평등의 관계를 날카롭게 간파한 인물로는 쇠렌 키르케고르Soren Kierkegaard가 있다. 그는 질투를 '특별 연구 주제로 권장할 뿐만 아니라, 스스로도 철저하게 연구했다고 자부할 만한 주제'라고 말할 정도였다.[20]

앞에서 살펴봤듯이 플루타르코스는 도편추방을 질투의 배출구로 여겼는데, 키르케고르도 비슷한 견해를 보인다. 키르케고르에 따르면, 혁명의 시대가 정열적이고 감격으로 넘친 시대였던 것에 반해 '현대는 본질적으로 분석의 시대, 반성의 시대, 정열 없는 시대, 순간적 감격에 끓어올

랐다가도 이내 약삭빠르게 무감동 상태로 수습되는 시대'
이다. 그런 정열 없는 시대에 질투는 '수평화 현상'에 봉착
한다. 수평화는 확실히 일종의 평등 상태를 지향하는데 키
르케고르는 그런 수평화를 그리 환영할 만한 존재로 보지
않는다.

> 현대는 평등의 방향에서 변증법적이다. 이 평등을 잘
> 못된 방식으로 가장 철저하게 만들려는 것이 수평화
> 이며, 이 수평화는 각 개인의 부정적 상호관계의 부
> 정적 통일이다.[21]

수평화는 단순히 모두가 평등하게 사는 유토피아가 아
니다. 오히려 질투자가 재능 있는 자나 남보다 뛰어난 자
의 발목을 잡아당김으로써 모든 이를 평범한 수준으로 만
들어 버리는 상태를 가리킨다. 키르케고르는 이를 그 어떤
시대보다 형편없는 시대로 여겼다.

인정 욕구 –
프랜시스 후쿠야마의 '기개론'

이런 질투와 수평화에 대한 통찰에 21세기를 포함한 사람이 프랜시스 후쿠야마 Francis Fukuyama이다. 후쿠야마로 말하자면, 자유민주주의 승리를 낙관적으로 전망하는 철학자로 알려져 있는데 그의 대표작 《역사의 종말》(1992)의 진정한 핵심은 그런 역사적 전망이 아니다. 오히려 '기개 thymos'에 대한 의론, 그리고 그것이 민주주의에 위기를 가져온다는 그의 날카로운 통찰에 주목할 필요가 있다.

우선 '기개'란, 인정을 바라는 영혼의 한 부분을 말한다. 이는 존엄과 관련이 있어서, 타자로부터 긍정적으로 인정

받으면 자랑스러움을 느끼고, 부당한 평가를 받으면 분노나 수치를 느낀다. 플라톤은 인간의 영혼을 이성, 욕구, 기개라는 세 부분으로 나누었는데 후쿠야마는 이 기개가 거의 '인정 욕구'에 가까운 것이며 현대 정체성 정치identity politics의 번성 배경에 이런 기개의 존재가 있다고 분석한다.

참고로, 2016년 미국 트럼프 대통령 당선이나 영국의 EU 이탈을 둘러싼 국민투표 등으로 주목받게 된 가난한 백인 노동자계급의 정치적 선호도 이런 관점에서 설명할 수 있다. 이른바 리버럴 파는 국민의 이성에 호소하면서 자신들이 '옳다'고 믿는 것을 주장했지만 그들은 사람들의 기개, 즉 인정 욕구와 아이덴티티 차원의 문제를 간과하고 말았다. 바꿔 말하면, '옳음'만으로는 사람들의 지지를 모을 수가 없었다. 아무리 우스꽝스러워 보여도 트럼프의 연설이 사람들에게 통했다는 것은 그런 측면에 대한 반응이 아닐까?

우월 욕망과 대등 욕망

후쿠야마 의론에서 특히 흥미로운 부분은 그가 기개를

두 종류로 구분한다는 점이다. 하나는 '자신의 우월성을 인정받고 싶어 하는 욕망'인 '메가로사미아megalothymia, 우월 욕망'이고, 또 하나는 '타인과 대등한 존재로서 인정받고 싶어 하는 욕망'인 '아이소사미아isothymia, 대등 욕망'이다.[22] 후쿠야마에 따르면, 자유민주주의 아래서는 메가로사미아가 금지되고 아이소사미아가 전면에 드러난다. 즉, 후쿠야마는 우월 욕망이 몸을 숨기고 대등 욕망이 활개 치는 것을 현대 민주사회의 특징으로 꼽는다. 후쿠야마의 근래 저서 《존중받지 못하는 자들을 위한 정치학》(2018)에서도 동일한 의론을 찾아볼 수 있다.

> 근대 민주주의의 탄생은 우월 욕망이 대등 욕망으로 대체된 과정이라고 할 수 있다. '소수의 엘리트만 인정하던 사회'가 '누구나 평등하게 타고났다고 인정하는 사회'로 바뀐 것이다.[23]

민주주의 사회에서는 누군가를 누르고 일어서는 것을 목적으로 삼지 않는다. 누구나 같은 권리를 누리는 것이 무엇보다 중시된다. 이것은 제3장에서 언급한 찰스 테일러의 주장과도 상통한다.

수평화의 미래

평등화 사회에서 대등 욕망만 채워지면 사람들은 행복해질까? 상대적 우위나 열위가 강조되지 않으므로 지금보다 삶이 수월해지는 사람도 분명 있을 것이다.

여기서 평균 사람이 위인만큼 뛰어나게 되는 유토피아를 거침없이 표현한 레온 트로츠키Leon Trotsky의 흥미로운 문장을 살펴보자.

인간은 훨씬 더 강인하고 현명하고 섬세해진다. 육체는 더 균형 잡히고, 동작은 훨씬 율동적으로, 목소리는 더 음악적으로 된다. 인간의 평균이 아리스토텔레스, 괴테, 마르크스 수준까지 올라간다. 이 산맥 위에 새로운 고봉이 우뚝 솟는다.[24]

트로츠키는 만인이 위인 수준에 달하는 미래상을 그린다. 그러나 이런 미래에서 사람들이 자신의 능력에 만족한다는 보장은 없다. 트로츠키의 문언을 인용한 로버트 노직이 '이 능선에 있는 것은 말하는 능력이나 물건을 쥘 손을 가진 것 이상으로 자존심과 개인의 가치 감각을 부여하지는 않을 것'[25]이라고 말한 것처럼, 아무리 높은 지성을 가져도 만인이 그것을 가진 상태에서는 그것이 특별해 보이지 않는다. 그렇다면 키르케고르나 후쿠야마가 지적한 (아리스토텔레스와 괴테 등보다 훨씬 낮은 수준인) 현대의 수평화(평등화)가 사람들의 새로운 불만족을 유발한다 해도 이상하지 않다.

수평화 끝에 우리의 질투심은 어디로 갈까? 현대 민주 사회에 사람들의 질투심은 사라졌을까? 물론 그렇지 않다. 예전엔 영웅이나 절대적 권위처럼 명확하게 우월한 자에게 질투가 향해졌다면, 오히려 현재는 대등한 이웃 간의 질투로 변형되어 여전히 우리 곁에 남아 있다.

이 책에서 거듭 지적했듯이, 차이의 축소가 질투의 폭발을 불러온다면 의심할 여지 없이 과거의 질투보다 현대의 질투는 한층 음험할 것이다. 이것은 민주주의의 고질병 같은 존재로서, 우리가 끊임없이 상대할 수밖에 없는 것이라고 인정해야 한다.

질투의 고향으로서의 민주주의

평등은 자유민주주의의 주축이 되는 가치관 중 하나이다. 그러나 질투를 금지함으로써 달성된 평등은 획일화에 불과하며 전혀 민주적이지 않다. 또는 기껏해야 마루야마 마사오丸山眞男가 말한 '끌어내리는 민주주의'가 될 것이다. L. P. 하틀리L. P. Hartley의 소설 《얼굴의 정의facial justice》가 그린 것처럼, 겉모습의 차이까지 금지된 과도한 평등의 실현은 일종의 디스토피아나 다름없다.

후쿠야마도 대등 욕망의 만연이 자유민주주의를 가능하게 하기는커녕 그것을 위기에 빠뜨린다고 본다.

최종적으로 민주주의에 커다란 위협을 가하는 것은 결국 '대등 욕망'일 것이다. 브레이크가 들지 않는 '대등 욕망'에 빠져서 불평등을 모조리 없애버리려고 혈안이 된 문명은 자연 그 자체가 설계한 세계와 곧장 충돌할 것이다.[26]

후쿠야마는 민주주의가 살아남기 위해서는 우월 욕망과 대등 욕망의 균형이 중요하다고 강조한다. '장기간에 걸친 민주주의의 건전성과 안정도는 우월 욕망이 시민에게 도움이 되는 형태로서 양질의 그리고 다수의 배출구를 가지는지 아닌지와 밀접하게 관련이 있다'는 것이다.[27]

후쿠야마의 이런 의론은 우리의 질투론에 매우 중요한 통찰을 제공한다. 질투는 우월 욕망의 뒷면이기에 우월 욕망이 있는 곳에는 반드시 질투가 존재한다. 후쿠야마의 주장처럼 민주사회에 적당한 수준의 우월 욕망이 필요하다면 건전한 민주주의에 질투는 불가결하다.

반복하건대, 질투가 완전히 금지된 사회는 어떤 차이도 허용하지 않는 숨 막히는 사회가 될 가능성이 크다. 평등과 차이(둘 다 민주주의에서 중요한 가치이다)의 교차점이 질투의 고향이라면, 민주사회는 이 감정의 존재를 받아들일 필요가 있다. 이런 관점에서 질투는 민주사회를 파괴하는 존재가 아니라, 민주주의와 똑같은 토양에서 태어난 쌍둥이 같은 존재, 민주주의에 불가피한 정념이다.

질투 마주하기

언제나 우리의 질투는 우리가 부러워하는 사람들의
행복보다 오래 계속된다.

– 라 로슈푸코La Rochefoucauld 《잠언집》[28]

나의 질투는 나만의 것

우리는 여기까지, 마치 모든 악의 근원인가 싶을 만큼
평판이 형편없는 질투에 대해 다양한 각도에서 고찰하였
다. 질투는 그야말로 성가신 감정이라 질투를 하는 것도
질투를 받는 것도 최대한 피하며 사는 것이 상책이다. 마

음가짐 하나로 질투심이 사라져준다면 더없이 좋겠지만 현실은 그렇지가 않다. 특히, 사람들 간 평등이 전제되는 민주사회에서는 더욱 그러하다. 이 책에서는 질투의 그런 양면적 성격을 주의 깊게 다뤘다.

항간의 자기계발서들은 '지금 모습 그대로가 좋다', '타인과의 비교를 멈춰라'라는 식으로 질투에 대처하는 방법을 제시한다. 대부분 꽤 순진한 주장이긴 하지만 그렇다고 해서 무해하다고 할 수는 없다. 이런 종류의 제언은 현실의 질투에서 눈을 돌려 질투를 제대로 마주하지 못하도록 방해한다. 질투심을 깨끗하게 없애는 일이 가능한 것처럼 선전하여 마치 일부의 사람만 어쩌다 가끔 걸리는 열병처럼 생각하게 만든다. 이런 생각은 머지않아 예기치 못한 화를 불러올 수 있다.

질투에 무언가 의미가 있다면, 그것은 이 감정이 '나는 누구인가'를 가르쳐준다는 데 있을 것이다. 대부분 나의 질투는 타인은 공감하지 못하는 나만의 것이다. 내가 누구의 무엇에 질투하는지, 왜 그 사람에게 질투를 느끼는지 들여다보면 내가 어떤 인간인지, 나는 누구와 자신을 비교하는지, 나는 어떤 준거집단 안에서 나를 찾고 있는지가 보인다. 확실히 그것이 객관적인 자기상自己像은 아닐지 몰라도, 때로는 스스로도 알아채지 못하는 또 하나의 자신을 보여주기도 한다.

이 책에서는 마지막으로, 도저히 간과할 수 없는 질투심을 어떻게 다뤄야 할지 생각해 보고자 한다. '질투심은 사라지지 않는다'는 전제하에 과연 어떤 처방전이 나올 수 있을까?

질투로 세상 바로잡기

질투와 마주하는 방식을 고려할 때, 우선 질투의 효용이라 할 만한 측면에 주목할 수 있다. 질투의 에너지가 반드시 사회를 추락시키는 방향으로만 움직이는 건 아니다. 부정이나 불평등을 고발하는 등 세상을 바로잡기 위한 에너지로 발산되는 일도 원리상 있을 수 있다(이것은 베이컨이 공적 질투에서 인정한 효용이기도 하다). 이것이야말로 질투 없는 사회를 논할 때 간과되는 점이다. 헬무트 쇄크는 다음과 같이 분명하게 지적한다.

질투는 정치적으로 중립이다. 이것은 보수적인 정부나 자유주의 정부에서도 그렇지만, (……) 사회주의 정부에서도 마찬가지이다.[29]

좌파 포퓰리즘 정치전략에서는 이런 질투의 에너지를 이용한다. 이 전략은 정치적으로 소외된 사람들의 목소리를 응집하여 엘리트와 기득권층에 쏟아붓도록 유도한다. 사람들이 차별적인 세력에 선동되어 그들의 분노를 증오의 형태로 사회적 마이너리티에게 쏟아내고 있다는 절박감을 느끼는 자들이 사람들의 원망과 한탄을 다른 데로 향하게 하고자 하는 것이다.[30]

물론, 질투의 에너지를 다른 방향으로 돌리는 것이 격차와 불평등을 해소하는 계기가 될 수도 있다. 그러나 질투를 사회에 실컷 풀어놓고 나서 좌파 포퓰리즘의 약속처럼 진보적이고 공정한 사회가 되기를 기대하는 것은 지나치게 낙관적인 전망이다. 질투심은 상황에 따라 마음대로 조절 가능하지도 않고, 할 일을 마쳤다고 깨끗하게 퇴장해줄 존재도 아니다.

좌파 포퓰리즘 전략은 지극히 위험한 게임처럼 보인다. 설령 질투의 선동이 꽉 막힌 현재 상태를 일시적으로 타개하는 부분이 있다 하더라도, 그 후에 지독한 숙취에 고통스러워할 것은 자명하다.

능력주의의 문제점

질투에 면역 있는 사회란 어떤 사회일까? 이를테면, 다원적 가치에 관용이 있는 사회 만들기도 질투에 지배받지 않는 방법이 될 수 있다. 가치관이 일원화되면, 사람들 간의 차이와 우열이 단번에 가시화된다. 누가 누구보다 얼마나 뛰어난지 서열이 명확해지며 사회에 질투가 넘쳐흐르게 될 것이다(한 예로, 소셜미디어 팔로워 수는 이런 일원화 작용이 강하게 기능한다).

여기서 능력주의meritocracy에 대해 생각해 보자. 능력주의란, 이른바 능력에 따른 지배를 정당화하는 이데올로기로, 능력이나 성적에 따라 격차를 용인하게 만드는 사고방식이다. 만약 당신의 생활이 괴롭다면 그것은 당신 능력이 부족해서이고 당신이 인생의 각 국면에서 적절한 노력을

하지 않았기 때문이다(그래서 참는 것이 당연하다), 라는 식
이다.

최근 마이클 샌델Michael J. Sandel의 의론을 계기로 능력주
의에 대한 문제 의식이 확대되었다. 샌델에 따르면, 능력
주의는 불평등이나 격차를 도덕적으로 정당화하여 소외
된 사람들에게 굴욕감을 안겨준다. 이런 사고방식이 지나
치면, 현대 미국 사회가 그러하듯 엘리트와 서민 사이에
커다란 분단이 발생한다. 질투와 불만이 축적되면 때로 예
상치 못한 원한의 폭발이 발생할 수 있으며 실제로 미국에
서는 이런 일이 일어나버렸다. 마이클 샌델의 능력주의 비
판 및 그가 제시하는 해결책, 예를 들어 엘리트의 교만을
교정하고 노동의 존엄을 되돌리는 것은 확실히 중요한 제
언이라 할 만하다.[31]

질투에 내성 있는 사회를

일원적 사회보다 다원적 가치관을 허용하는 사회가 질
투에 내성 있는 사회가 될 가능성이 크다. 그러기 위해서
는 평가 축을 다양화하여 사회적 서열을 매기기 어렵게 만

드는 것이 중요하다. 롤스 비판자이자 자유지상주의 사상가로 알려진 로버트 노직은 다음과 같이 말한다.

> 사회에 자존감 격차가 만연하지 않도록 하는 가장 효과적인 방법은 모든 차원에 공통의 가치를 매기지 않고 그 대신 다양한 차원에서 다채로운 가치 리스트를 가지는 것이다. 각자 자신이 꽤 능숙하게 할 수 있는 차원에서 타인도 일부는 그것을 중요하게 생각해 주는 것을 찾아내어 특이한 것으로서가 아니라 호의적인 평가를 할 기회를 늘리는 것이다.[32]

어떤 차원에서 낮은 위치에 있다 해도 다른 차원에서 만회할 기회가 충분히 보장되어 있으면 사람들의 자존심은 어느 정도 유지된다. 설령 수학 성적이 불량해도, 미술이나 음악 평가가 높으면 상당 부분 위로가 될 것이다.

질투에 대해서도 마찬가지이다. 사회가 가치 있다고 간주하는 차원이 다양하면 안이한 서열화나 비교가 어려워진다. 이로써 사회에서 질투가 폭발하는 것을 어느 정도 억제할 수 있게 된다.

자신감과 개성 가지기

개인적으로는 질투를 어떻게 다뤄야 할까? 가장 먼저, 개인이 윤리적 정신적 태도를 함양하여 질투를 극복하는 방법을 들 수 있다. 철학자인 미키 기요시는 질투를 극복하기 위해서 '사물을 만들라'고 조언한다. 사물을 만들면 자신감이 생기고 그것이 개성이 된다는 것이다. 미키는 다음과 같이 말한다.

질투심을 없애기 위해 자신감을 가지라는 말들을 한다. 그런데 그런 자신감은 어디서 나올까? 바로, 스스로 물건을 만들 때이다. 질투로는 아무것도 만들 수 없다. 인간은 사물을 만들면서 자기 자신을 만들고, 이것이 개성이 된다. 개성적인 인간일수록 질투하지 않는다. 개성 없이는 행복이 존재하지 않음을 이로써도 알 수 있다.[33]

작품 만들기에 몰두하면 타인과 거리가 생겨 저절로 비교에서 멀어지게 될 것이다. 창작을 통해 길러진 자신감과 개성은 비굴함을 치유하고 개인적 만족을 가져온다. 이것은 질투의 어머니인 비교를 거절하고 자신의 특이성에 도달하는 길이다.

그런데 이런 방법으로 진정 질투를 극복할 수 있다고 결론을 내리기에는 다소 불안하다. 자기 자신을 다시 바라보게 되는 작품 창작은 새로운 경쟁과 질투를 낳을 가능성이 언제나 있기 때문이다. 실제로는 누구보다 예술가가 질투의 격투장으로 내몰리는 것은 아닐까?

영화 〈아마데우스〉에서 모차르트의 재능에 매료되어 질투에 눈이 먼 사람은 모차르트와 같은 작곡가 살리에리였다. 따라서, 예술에의 몰두는 일시적인 해결을 가져올 수는 있어도 질투를 완전히 없애버리진 못할 듯하다.

오히려 '아무것도 안 하는 것'이 질투를 없앨 가능성이 높은 방법일 수 있다. 오직 무위만이 우리를 비교에서 멀어지게 만들지 않을까? 그러나 이 해결책은 철학적으로는 흥미롭지만, 현실적으로 밑도 끝도 없는 이야기라는 평가를 들을 것 같다.

질투의 출구

많은 자기계발서가 지적하듯이, 질투에서 확실히 도망가는 방법은 딱 하나뿐이다. 그것은 비교를 멈추는 일이다. 타인과 비교하지만 않으면 질투는 싹트지 않는다. 비교를 멈추고 싶다면 경쟁에서 내려와 보는 것도 하나의 방법이리라. 그렇지만 누구나 알고 있듯이, 비교를 멈추는 일, 그것이 참 어렵다.

앞에서도 언급했지만, 소셜미디어는 사람들의 질투심과 상상력을 부단히 자극하고 인터넷은 끊임없이 우리 생활을 타인과 비교하도록 부추긴다. 그러나 소셜미디어의 진짜 문제는 그것이 타인의 생활 일부만을 도려내서 보여준다는 데 있다. 우리는 눈앞에 놓인 지극히 가식적 일부(픽션이라 해도 좋다)를 타인의 생생한 일상이라고 믿어버리는 것이다.

반대로 생각해 보면 어떨까? 비교를 멈출 수 없다면, 끝까지 파고들어 철저하게 비교하는 것이다. 한 부분에만 특화된 어중간한 비교가 질투심을 부풀리는 것은 아닐까? 부러워 보이는 뛰어난 사람을 꼼꼼하게 관찰해 보면 생각지 못했던 일면이 보이는 법이다. 당연하지만 완벽한 인간은 그리 없다. 의외의 사실이 눈에 들어오면 질투심도 꽤 누그러들지도 모른다. 멈출 수 없다면 오히려 철저하게 비교하기, 역설적이지만 질투라는 괴물을 달래는 데 이만큼 확실한 방법이 또 있을까?

자, 여기까지 사회적, 개인적 수준에서 질투를 조절하는 방법을 몇 가지 살펴보았다. 전부 그 나름대로 설득력이 있는 듯하지만 언제나 만능인 방법은 없으며 어느 한 가지가 정답인 것도 아니다. 이런 다양한 방법을 조합하여 질투심을 억제하기 위한 시스템을 여기저기 마련해 두는 편이 현명할지도 모른다.

그러나 아무리 많은 시스템으로 무장해도 사회에서 또는 우리에게서 질투심이 완전히 사라지는 일은 없을 것이다. 분노와 슬픔 같은 인간미 있는 감정이 그러하듯, 질투도 우리 인간의 조건이기 때문이다.

후기

　'아무리 높이 올라가도 질투와 르상티망은 사라지지 않
는다'

　연구회가 끝난 후 친목회 자리였을 것이다. 어떤 대화
중이었는지 기억은 안 나지만 그는 이렇게 말했다. 난 여
느 때처럼 약간 취해 있던 터라 다른 말은 생각이 나지 않
는데 이 말만은 인상에 깊이 남았다.
　아무리 사회적으로 성공해도 젊은 시절 맛본 분한 마음
이 지워지지 않고 원망과 한탄은 가슴에 남아 있는 모양이
다. 확실히 그렇다. 주변만 봐도 그런 사례가 한둘이 아니
다. 정기적으로 다시 그때로 돌아가 똑같은 원망을 내뱉는

사람, 겉으로는 그럴듯한 말을 하지만 등 뒤로 개인적인 질투와 원한이 보이는 사람. 여러분은 어떠한가.

술자리에서의 저 한마디가 내 가슴에 새겨진 이후, 질투에 대해 관찰하고 생각하는 일이 내 라이프워크가 되었다. 누군가와 대화를 나눌 때 영화를 볼 때 소셜미디어를 들여다볼 때도 질투라는 말이 머릿속에 맴돌았다. 왜 성공과 행복은 우리를 질투에서 해방시키지 못할까? 벗어나기는커녕 자진해서 르상티망에 몸을 맡기게 되는 것은 대체 왜일까?

질투라는 지극히 사적이고 비밀스러운 감정이, 정의와 평등 그리고 민주주의 같은 내 전공의 핵심 문제와 얽혀있는 것은 우연한 행운이었다. 그렇지 않았다면 질투에 대한 고찰이 왜 정치적으로 이토록 중요한지 설득력 있게 제시하지 못했을 것이다. 그런데 이제 와 보니, 이것은 모두 우연한 교차가 아닐지도 모른다는 생각이 든다. 묘하게 마음에 걸린 첫 직감이 애초에 이 길을 가리키고 있던 것은 아닐까?

이 책의 집필 과정은 나의 질투심을 들여다보는 시간이 기도 했다. 물론, 내 안의 어두운 부분을 직시하는 작업은 그리 유쾌하지 않았다. 그런 이유에서인지, 집필을 끝내기까지 처음 예상보다 시간이 한결 오래 걸렸다. 덕분에 이 책의 구상에 대해 연구회 몇 곳에 보고하고 의견을 받을 수 있었다. 리쓰메이칸 대학의 강의에서, 친구와 가족과의 사적인 대화에서도 많은 아이디어를 얻었다. 이 자리를 빌려 감사를 표하고 싶다.

고분샤의 고마쓰 겐 씨께는 기획 후에 좀처럼 원고를 드리지 못해서 꽤 속을 태우게 했다. 고마쓰 씨가 보여주신 인내와 격려에 진심으로 감사드린다.

이 책의 집필을 마치고 과연 나는 질투에서 해방되었을까? 이 책이 누군가의 질투심에 닿아 그 마음을 조금이라도 달래는 데 도움이 되기를 바란다.

2024년 1월

야마모토 케이

인명 정리 (본문 언급 순)

버트런드 러셀 Bertrand Russel 1872~1970

크리스토퍼 놀란 Christopher Nolan 1970~현재

미키 기요시 三木清 1897~1945

고무로 케이 小室圭 1991~현재

말랄라 유사프자이 Malala Yousafzai 1997~현재

에드먼드 버크 Edmund Burk 1729~1797

고어 비달 Gore Vidal 1925~2012

헬무트 쉐크 Helmut Schoeck 1922~1992

조토 디 본도네 Giotto di Bondone 1267~1337

존 스튜어트 밀 John Stuart Mill 1806~1873

아우구스티누스 Augustinus 354~430

허먼 멜빌 Herman Melvill 1819~1891

임마누엘 칸트 Immanuel Kant 1724~1804

아리스토텔레스 Aristoteles BC.384~BC.322

헤시오도스 Hesiodos BC.740~BC.670

사무엘 스토퍼 Samuel A. Stouffer 1900~1960

프란스 드 발 Frans de Waal 1948~현재

이시다 준 石田淳 1962~현재

윌리엄 셰익스피어 William Shakespeare 1564~1616

게오르크 지멜 Georg Simmel 1858~1918

프리드리히 니체 Friedrich Nietzsche 1844~1900

막스 셸러 Max Scheler 1874~1928

리처드 H. 스미스 Richard H. Smith 1945~2024

조지 M. 포스터 George M. Foster 1913~2006

데이비드 그레이버 David Graeber 1961~2020

제레미 벤담 Jeremy Bentham 1748~1832

마거릿 대처 Margaret Thatcher 1925~2013

프리드리히 하이에크 Friedrich Hayek 1899~1992

얀 플럼퍼 Jan Plamper 1970~2023

사라 프로타시 Sara Protasi

플라톤 Platon BC. 427~BC. 347

히로카와 요이치 廣川洋一 1935~2019

플루타르코스 Plutarchos 46~120경

아리스티데스 Aristides BC. 530~BC. 468

토마스 아퀴나스 Thomas Aquinas 1224~1274

프랜시스 베이컨 Francis Bacon 1561~1626

도널드 트럼프 Donald John Trump 1946~현재

힐러리 클린턴 Hillary Clinton 1947~현새

버나드 맨더빌 Bernard Mandevillem 1670~1733

데이비드 흄 David Hume 1711~1776

장 자크 루소 Jean-Jacques Rousseau 1712~1778

프랭클린 루스벨트 Franklin Roosevelt 1882~1945

가루베 다다시 苅部直 1965~현재

후쿠자와 유키치 福澤 諭吉 1835~1901

르네 지라르 Rene Girard 1923~2015

슬라보예 지젝 Slavoj Zizek 1949~현재

데모스테네스 Demosthenes BC. 384~BC. 322

노르베르트 엘리아스 Norbert Elias 1897~1990

리슐리외 공작 Richelieu 1585~1642

마르크 블로크 Marc Bloch 1886~1944

마이크 페더스톤 Mike Featherstone

프랑수아 드 페늘롱 Francois Fenelon 1651~1715

샤프츠베리 Shaftesbury 1671~1713

소스타인 베블런 Thorstein Veblen 1857~1929

수잔 매트 Susan J. Matt 1967~현재

데이비드 리스먼 David Riesman 1909~2002

알렉산드라 새뮤얼 Alexandra Samuel

쓰이키 고스케 立木康介 1968~현재

실비오 베를루스코니 Silvio Berlusconi 1936~2023

베로니카 라리오 Veronica Lario 1956~현재

찰스 테일러 Charles Taylor 1931~현재

베르너 좀바르트 Werner Sombart 1863~1941

하기와라 사쿠타로 萩原朔太郎 1886~1942

예시카 하우스너 Jessica Hausner 1972~현재

유리 올레샤 Yuri Olesha 1899~1960

이시하라 요시로 石原吉郎 1915~1977

아론 벤지이브 Aaron Ben-Ze'ev 1949~현재

데이비드 흄 David Hume 1711~1776

마사 누스바움 Martha Nussbaum 1947~현재

지그문트 프로이트 Sigmund Freud 1856~1939

윈스턴 처칠 Winston Churchill 1874~1965

알렉시스 드 토크빌 Alexis de Tocqueville 1805~1859

클레이스테네스 Cleisthenes BC. 570~BC. 508

테미스토클레스 Themistocles BC. 524~BC. 545

우노 시게키 宇野重規 1967~현재

가산 하게 Ghassan Hage 1957~현재

쇠렌 키르케고르 Soren Aabye Kierkegaard 1813~1855

프랜시스 후쿠야마 Francis Fukuyama 1952~현재

레프 트로츠키 Lev Davydovich Trotskii 1879~1940

로버트 노직 Robert Nozick 1938~2002

L. P. 하틀리 L. P. Hartley 1895~1972

라 로슈푸코 La Rochefoucauld 1613~1680

마이클 샌델 Michael J. Sandel 1953~현재

존 롤스 John Rawls 1921~2002

이소크라테스 Isocrates BC. 436~BC. 338

주

프롤로그

1 Bertrand Russell, The Conquest of Happiness, 1930

2 三木清, 『人生論ノート 他二篇』, 角川ソフィア文庫, 2017年, 82頁
미키 기요시, 《인생론 노트》

3 Anne Hendershott, The Politics of Envy, Crisis Publications, 2020, pp. 258-259

4 エドマンド・バーク, 『フランス革命の省察』, 半澤孝麿訳, みすず書房, 2013年, 110-111頁
에드먼드 버크, 《프랑스 혁명에 관한 성찰》

5 Helmut Schoeck, 《Envy: A Theory of Social Behaviour》, Liberty Fund, 1987[원저 1966], p.8

제1장

1 https://www.theguardian.com/books/2012/aug/01/gore-vidal-best-quotes (2024.7.24.)

2 Hendershott, The Politics of Envy, p.195

3 Sara Protasi, The Philosophy of Envy, Cambridge University Press, 2021, p.181.

4 Joseph Epstein, Envy: Seven Deadly Sins, Oxford University Press, 2003, p.1

5 J・S・ミル,『自由論』塩尻公明・木村健康訳, 岩波文庫, 1971年, 158頁
존 스튜어트 밀, 《자유론》

6 アウグスティヌス,『告白I』山田晶訳, 中公文庫, 2014年, 27頁
아우구스티누스, 《고백록》

7 Richard H. Smith, ed., Envy: Theory and Research, Oxford University Press, 2008, p.4

8 Richard H. Smith and Sung Hee Kim, "Comprehending Envy", Psychological Bulletin, Vol.133, No. 1, 2007

9 Justin D'Arms and Alison Duncan Kerr, "Envy in the Philosophical Tradition" in Smith, ed., Envy, p.47

10 メルヴィル,『ビリー・バッド』飯野友幸訳, 光文社, 2012年, 72頁
허먼 멜빌, 《빌리 버드》

11 『カント全集11人倫の形而上学』, 井正義・池尾恭一訳, 岩波書店, 2002年, 345頁
칸트, 《윤리 형이상학》

12 アリストテレス,『弁論術』戸塚七郎訳, 岩波文庫, 1992年, 217頁
아리스토텔레스, 《수사학》

13 Aaron BenZe've, "Envy and Inequality", The Journal of Philosophy, Vol. 89, No. 11, 1992, p.557

14 ヘシオドス,『全作品』中務哲郎訳, 京都大学学術出版会, 2013年, 159頁
헤시오도스, 《일과 날》

15 アリストテレス,『弁論術』210頁

16 같은 책, 211쪽

17 高田利武,『新版 他者と比べる自分——社会的比較の心理学』サイエンス社, 2011年, 31頁

18 アリストテレス,『弁論術』219頁

19 같은 책, 219쪽

20 〈마태복음〉 20장 1-6절

21 W. G. Runciman, Relative Deprivation and Social Justice: A Study of Attitudes to Social Inequality in Twentieth‑Century England, University of California Press, 1966, p. 10

22 高坂健次「相対的剥奪論 再訪」(一)~(十一)〈『関西学院大学社会学部紀要』108・118号, 2009・2014〉年

23 フランス・ドゥ・ヴァール,『共感の時代へ―動物行動学が教えてくれること』柴田裕之訳, 紀伊國屋書店, 2010年, 264頁
프란스 드 발, 《공감의 시대》, 최재천·안재하 역, 김영사, 2017

24 石田淳,『相対的剥奪の社会学―不平等と意識のパラドックス』, 東京大学出版会, 2015年, 第二章

25 ジャスティン・ゲスト,『新たなマイノリティの誕生―声を奪われた白人労働者たち』, 吉田徹ほか訳, 弘文堂, 2019年, 313頁

26 ウィリアム・シェイクスピア,『オセロー』, 小田島雄志訳, 白水Uブックス, 1983年, 116頁
윌리엄 셰익스피어, 《오셀로》

27 『メラニー・クライン著作集 5 羨望と感謝』, 小此木啓吾・岩崎徹也責任編訳, 誠信書房, 1996年, 12頁

28 Smith and Kim, "Comprehending Envy", pp. 47-48

29 Protasi, The Philosophy of Envy, p. 12

30 같은 책, 14쪽

31 ゲオルク・ジンメル,『社会学―社会化の諸形式についての研究 上』, 居安正訳, 白水社, 2016年, 292-293頁

32 ニーチェ,『道徳の系譜学』, 中山元訳, 光文社, 2009年, 57頁
니체, 《도덕의 계보》

33 같은 책, 57쪽

34 マックス・シェーラー,『ルサンティマン―愛憎の現象学と文化病理学』津田淳訳, 北望社, 1972年, 8頁

35 『ニーチェ全集 六人間的, あまりに人間的Ⅱ』, 中島義生訳, 筑摩書房, 1994年, 293頁
니체,《인간적, 너무나도 인간적인》

36 リチャード・H・スミス,『シャーデンフロイデ―人の不幸を喜ぶ私たちの闇』澤田匡人訳, 勁草書房, 2018年, 157-159頁
리처드 H. 스미스,《샘통의 심리학 ― 타인의 고통을 즐기는 은밀한 본성에 관하여》, 이영아 역, 현암사, 2015

37 W. G. Parrott and p. M. Mosquera, "On the Pleasures and Displeasures of Being Envied", in Smith, ed., Envy, p. 121

38 George M. Foster, "The Anatomy of Envy: A Study in Symbolic Behavior", Current Anthropology, Vol. 13, No. 2, 1972

39 掛谷誠,「「妬み」の生態人類学―アフリカの事例を中心に」, 大塚柳太郎編,『現代の人類学1 生態人類学』至文堂, 1983年, 236頁

40 P・デュムシェル／J・P・デュピュイ,《物の地獄: ルネ・ジラールと経済の論理》, 織田年和・富永茂樹訳, 法政大学出版局, 1990年, 21頁

41 Foster, "The Anatomy of Envy", p. 166

42 デヴィッド・グレーバー,『ブルシット・ジョブ―クソどうでもいい仕事の理論』酒井隆史ほか訳, 岩波書店, 2020年, 321頁
데이비드 그레이버,《불쉿 잡》, 김병화 역, 민음사, 2021

43 Schoeck, Envy, p. 385

44 L・マーフィー／T・ネーゲル,『税と正義』, 伊藤恭彦訳, 名古屋大学出版会, 2006年, 12-13頁

45 フリードリヒ・A・ハイエク,「課税と再分配」,『ハイエク全集Ⅰ・7 自由の条件〔Ⅲ〕』, 気賀健三・古賀勝次郎訳, 春秋社, 2007年, 80頁
프리드리히 하이에크,《자유헌정론》

46 같은 책, 84쪽

47 같은 책, 86쪽

제2장

1 『ベーコン随想集』渡辺義雄訳, 岩波文庫, 1983年
프랜시스 베이컨,《수필집》

2 バーバラ・H・ローゼンワイン / リッカルド・クリスティアーニ,『感情史とは何か』伊東剛史ほか訳, 岩波書店, 2021年, 3頁

3 ヤン・プランパー,『感情史の始まり』森田直子監訳, みすず書房, 2020年, 15頁
얀 플럼퍼,《감정의 재탄생》, 양윤희 역, 경희대학교 출판문화원, 2023

4 プラトン,『ピレボス』山田道夫訳, 京都大学学術出版会, 2005年, 116頁
플라톤,《필레보스》

5 같은 책, 113쪽

6 Protasi, The Philosophy of Envy, p. 168

7 廣川洋一,『イソクラテスの修辞学校』講談社学術文庫, 2005年, 15頁

8 イソクラテス,『弁論集 2』小池澄夫訳, 京都大学学術出版会, 2002年, 170頁
이소크라테스,《변론집》

9 같은 책, 237쪽

10 Suzanne Said, "Envy and Emulation in Isocrates", in David Konstan and Keith Rutter eds., Envy, Spite and Jealousy: The Rivalrous Emotions in Ancient Greece, Edinburgh University Press, 2003

11 같은 책, 233쪽

12 プルタルコス,『モラリア7』田中龍山訳, 京都大学学術出版会, 2008年,

58頁

플루타르코스, 《모랄리아》

13 같은 책, 60쪽

14 トマス・アクィナス, 『神学大全 XVII』, 大鹿一正ほか訳, 創文社, 1997年,
37頁

토마스 아퀴나스, 《신학대전》

15 Protasi, The Philosophy of Envy, p. 189

16 『ベーコン随想集』, 渡辺義雄訳, 岩波文庫, 1983年, 45頁

17 같은 책, 50쪽

18 같은 책, 47쪽

19 같은 책, 48쪽

20 같은 책, 49쪽

21 같은 책, 49쪽

22 같은 책, 50쪽

23 『カント全集 11 人倫の形而上学』, 345頁

임마누엘 칸트, 《윤리 형이상학》

24 같은 책, 346쪽

25 같은 책, 347쪽

26 スピノザ, 『エチカ 倫理学(上)』, 畠中尚志訳, 岩波文庫, 1951年, 196頁

스피노자, 《에티카》

27 같은 책, 248쪽

28 バーナード・マンデヴィル, 『蜂の寓話―私悪すなわち公益』, 泉谷治訳,
法政大学出版局, 2015年, 5頁

버나드 맨더빌, 《꿀벌의 우화》

29 같은 책, 126쪽

30 같은 책, 127-128쪽

31 같은 책, 129쪽

32 같은 책, 129쪽

33 デイヴィッド・ヒューム,『人間本性論 第 2 巻 情念について』, 石川徹 ほか訳, 法政大学出版局, 2011年, 119頁

데이비드 흄,《인간 본성론 제2권 정념에 대해》

34 같은 책, 120쪽

35 ルソー,『人間不平等起原論』, 本田喜代治・平岡昇訳, 岩波文庫, 1933年, 93-94頁

장 자크 루소,《인간 불평등기원론》

36 같은 책, 181쪽

37 『ショーペンハウアー全集14』秋山英夫訳, 白水社, 1973年, 20頁

《쇼펜하우어 전집》

38 같은 책, 326쪽

39 같은 책, 329쪽

40 같은 책, 329쪽

41 Martha Nussbaum, The Monarchy of Fear: A Philosopher Looks at Our Political Crisis, Oxford University Press, 2021, p.136 마사 누스바움,《타인에 대한 연민—혐오의 시대를 우아하게 건너는 방법》, 임현경 역, 알에이치코리아, 2020

42 같은 책, 137-138쪽

43 같은 책, 163쪽

44 福沢諭吉,『学問のすゝめ』, 岩波文庫, 1942年, 116頁

후쿠자와 유키치,《학문을 권함》

45 苅部直,『歴史という皮膚』, 岩波書店, 2011年, 147頁

46 三木清,『人生論ノート 他二篇』78頁

47 같은 책, 81쪽

48 같은 책, 80-81쪽

제3장

1 プルタルコス, 『モラリア7』, 田中龍山訳, 京都大学学術出版会, 2008年, 62頁

2 ルネ・ジラール, 『暴力と聖なるもの』, 古田幸男訳, 法政大学出版局, 2012年, 228-229頁

르네 지라르, 《폭력과 성스러움》

3 デュムシェル / デュピュイ, 『物の地獄』, 35頁

4 スラヴォイ・ジジェク, 『ラカンはこう読め!』, 鈴木晶訳, 紀伊國屋書店, 2008年, 28頁

슬라보예 지젝, 《HOW TO READ 라캉》, 박정수 역, 웅진지식하우스, 2015

5 같은 책, 72쪽

6 같은 책, 87-88쪽

7 『アリストテレス全集15』, 神崎繁訳, 岩波書店, 2014年, 153-154頁

8 같은 책, 156쪽

9 ノルベルト・エリアス, 『宮廷社会』, 波田節夫ほか訳, 法政大学出版局, 1981年, 104頁

노르베르트 엘리아스, 《궁정사회》

10 マルク・ブロック, 『封建社会 2』, 新村猛ほか訳, みすず書房, 1977年, 32頁

11 マイク・フェザーストン, 「贅沢について」, 時安邦治訳, 『学習院女子大学紀要』13巻, 2011年, 9頁

12 Istvan Hont, "The Early Enlightenment Debate on Commerce and Luxury" in Mark Goldie and Robert Wokler eds., The Cambridge History of Eighteenth-Century Political Thought, Cambridge University Press, 2006

13 ソースタイン・ヴェブレン, 『有閑階級の理論〔新版〕』, 村井章子訳, ちく

ま学芸文庫, 2016年, 76頁

소스타인 베블런, 《유한계급론》

14 ロジャー・メイソン, 『顕示的消費の経済学』, 鈴木信雄ほか訳, 名古屋大
学出版会, 2000年, 91-92頁

15 ヴェブレン, 『有閑階級の理論〔新版〕』, 77頁

16 Susan J. Matt, Keeping up with the Joneses: Envy in American Consumer
Society, 1890-1930, University of Pennsylvania Press, 2003

17 같은 책, 3쪽

18 같은 책, 4쪽

19 デイヴィッド・リースマン, 『孤独な群衆(上)』, 加藤秀俊訳, みすず書
房, 2013年, 112頁

데이비드 리스먼 《고독한 군중》, 류근일 역, 동서문화사, 2016

20 같은 책, 110쪽

21 デュムシェル / デュピュイ, 『物の地獄』, 38頁

22 Alexandra Samuel, "What to Do When Social Media Inspires Envy",
JSTOR Daily, 2018
〈https://daily.jstor.org/what-to-do-when-social-media-inspires-envy/〉

23 立木康介, 『露出せよ, と現代文明は言う』, 河出書房新社, 2013年, 11頁

24 チャールズ・テイラー, 「承認をめぐる政治」, 『マルチカルチュラリズ
ム』, 佐々木毅ほか訳, 岩波書店, 1996年, 41頁

찰스 테일러, 《다문화주의와 인정의 정치》, 이상형·이광석 역, 하누리,
2020

25 같은 책, 44-45쪽

제4장

1 萩原 朔太郎,『虚妄の正義』, 講談社, 1994年

2 藤子・F・不二雄,『ドラえもん26』, 小学館, 1982年, 65頁

    후지코 F 후지이,《도라에몽 26》, 대원, 2002

3 齋藤純一・田中将人,『ジョン・ロールズ』, 中公新書, 2012年 참조 바람.

4 ジョン・ロールズ,『正義論[改訂版]』, 川本隆史ほか訳, 紀伊國屋書店, 2010年, 193頁

    존 롤스,《정의론》, 황경식 역, 이학사, 2002

5 같은 책, 696쪽

6 같은 책, 697쪽

7 같은 책, 700쪽

8 같은 책, 701-702쪽

9 같은 책, 703쪽

10 같은 책, 705쪽

11 같은 책, 705쪽

12 小坂井敏晶,『責任という虚構』, 東京大学出版会, 2008年, 246頁

13 ジジェク,『ラカンはこう読め!』, 68頁

14 같은 책, 68-69쪽

15 ジャン゠ピエール・デュピュイ,『犠牲と羨望―自由主義社会における正義の問題』, 米山親能・泉谷安規訳, 法政大学出版局, 2003年, 245頁

16 ヒューム,『人間本性論 第2巻 情念について』, 120頁

17 같은 책, 121쪽

18 ユーリイ・オレーシャ,『羨望』, 木村浩訳, 集英社文庫, 1977年, 5頁

19 같은 책, 130쪽

20 같은 책, 130쪽

21 古宮路子,『オレーシャ『羨望』草稿研究』成文社, 2021年

22 オレーシャ,『羨望』200頁

23 石原吉郎,『望郷と海』ちくま文庫, 1990年, 140頁

24 같은 책, 141쪽

25 Schoeck, Envy, p. 344

26 Ben-Ze've, "Envy and Inequality", pp. 576-579

27 Schoeck, Envy, pp. 346-348

28 같은 책, 342쪽

제5장

1 バーク,『フランス革命の省察』

2 ロバート・ノージック,『アナーキー・国家・ユートピア——国家の
正当性とその限界』嶋津格訳, 木鐸社, 1992年, 404頁

로버트 노직,《아나키에서 유토피아로》, 남경희 역, 문학과지성사, 1997

3 Nussbaum, The Monarchy of Fear, p. 135

4 トゥーキュディデース,『戦史(上)』久保正彰訳, 岩波文庫, 1966年, 226
頁

5 キルケゴール,『現代の批判 他一篇』桝田啓三郎訳, 岩波文庫, 1981年,
55頁

6 プルタルコス,『プルタルコス英雄伝 上』村川堅太郎編, 筑摩書房,
1996年, 213頁

7 같은 책, 214-215쪽

8 같은 책, 182-183쪽

9 Jon Elster, Alchemies of the Mind: Rationality and the Emotions,
Cambridge University Press, 1998, p. 187

10 佐藤昇,「陶片追放と民衆の妬み—情報源の利用と同時代への配慮」, 小池登ほか編,『英雄伝』の挑戦——新たなプルタルコス像に迫る』京都大学学術出版会, 2019年, 125頁

11 『フロイト著作集 6』, 井村恒郎・小此木啓吾訳, 人文書院, 1970年, 234-235頁

12 같은 책, 234쪽

13 Schoeck, Envy, p. 127

14 『ハイエク全集 Ⅰ・5 自由の条件〔Ⅰ〕』, 気賀健三・古賀勝次郎訳, 春秋社, 2007年, 132頁

15 トクヴィル,『アメリカのデモクラシー 第一, 巻(下)』松本礼二訳, 岩波文庫, 2005年, 55頁
알렉시스 드 토크빌,《미국의 민주주의》

16 宇野重規,『トクヴィル 平等と不平等の理論家』, 講談社選書メチエ, 2007年, 62頁

17 같은 책, 60쪽

18 G. Hage, Waiting Out the Crisis: On Stuckedness and Governmentality, In Waiting, Melbourne University Press, 2009

19 ガッサン・ハージ,『オルター・ポリティクス—批判的人類学とラディカルな想像力』塩原良和ほか訳, 明石書店, 2022年, 72-73頁

20 キェルケゴール,『死に至る病』斎藤信治訳, 岩波文庫, 1957年, 138頁
쇠렌 키르케고르,《죽음에 이르는 병》

21 キルケゴール『現代の批判 他一篇』59頁
키르케고르,《현대 비판》

22 フランシス・フクヤマ,『新版 歴史の終わり 下』渡部昇一訳, 三笠書房, 2020年, 28頁
프랜시스 후쿠야마,《역사의 종말》, 이상훈 역, 한마음사, 1992

23 フランシス・フクヤマ,『IDENTITY』, 山田文訳, 朝日新聞出版, 2019

年, 44頁

후쿠야마, 《존중받지 못하는 자들을 위한 정치학》, 이수경 역, 한국경제
신문, 2020

24 トロツキー, 『文学と革命Ⅰ』 内村剛介訳, 現代思潮社, 1975年, 236頁
레온 트로츠키, 《문학과 혁명》

25 ノージック, 『アナーキー·国家·ユートピア』 404頁

26 같은 책, 404쪽

27 같은 책, 221쪽

28 『ラ·ロシュフコー箴言集』 二宮フサ訳, 岩波書店, 1989年
라 로슈푸코, 《잠언집》

29 Schoeck, Envy, p.241

30 シャンタル·ムフ, 『左派ポピュリズムのために』 山本圭·塩田潤訳, 明
石書店, 2019年

31 マイケル·サンデル, 『実力も運のうち―能力主義は正義か？』 鬼澤忍
訳, 早川書房, 2021年
마이클 샌델, 《정의란 무엇인가》, 김명철 역, 와이즈베리, 2014

32 ノージック, 『アナーキー·国家·ユートピア』 405頁

33 三木清, 『人生論ノート 他二篇』 83頁

질투라는 감옥

© Kei Yamamoto, 2024

초판 1쇄 발행 2024년 10월 16일
초판 4쇄 발행 2024년 12월 6일

지은이 야마모토 케이
옮긴이 최주연
기획편집 이가영
콘텐츠 그룹 정다움 이가람 박서영 이가영 전연교 정다솔 문혜진 기소미
디자인 유어텍스트

펴낸이 진승환
펴낸곳 책읽어주는남자
신고번호 제2024-000099호
이메일 book_romance@naver.com

ISBN 979-11-93937-25-9 03180